国家无障碍战略研究与应用丛书（第二辑）

无障碍交通出行理论与实践

谢琼　陈朝　著

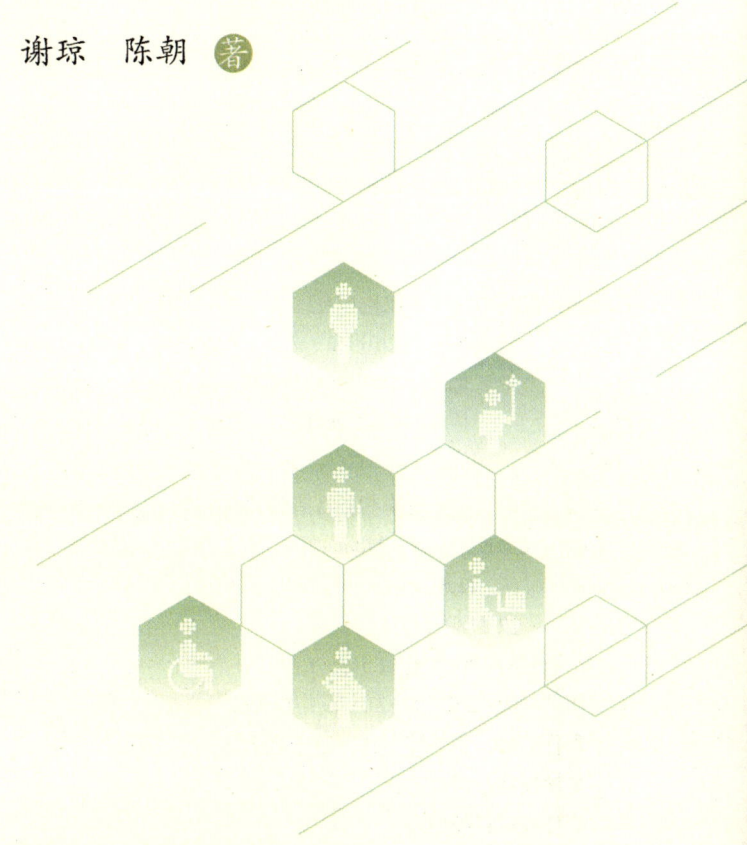

辽宁人民出版社

© 谢琼　陈朝　2021

图书在版编目（CIP）数据

无障碍交通出行理论与实践/谢琼，陈朝著. —沈阳：辽宁人民出版社，2021.12

（国家无障碍战略研究与应用丛书. 第二辑）

ISBN 978-7-205-10333-0

Ⅰ.①无… Ⅱ.①谢…②陈… Ⅲ.①残疾人—城市道路—城市建设—研究 Ⅳ.①U412.37

中国版本图书馆CIP数据核字（2021）第237485号

出版发行：辽宁人民出版社
地　址：沈阳市和平区十一纬路25号　邮编：110003
电　话：024-23284321（邮　购）　024-23284324（发行部）
传　真：024-23284191（发行部）　024-23284304（办公室）
http://www.lnpph.com.cn

印　　刷：辽宁新华印务有限公司
幅面尺寸：170mm×240mm
印　　张：11.5
字　　数：180千字
出版时间：2021年12月第1版
印刷时间：2021年12月第1次印刷
责任编辑：张婷婷　郭　健　赵学良
装帧设计：留白文化
责任校对：吴艳杰
书　　号：ISBN 978-7-205-10333-0
定　　价：60.00元

总　序

张苏军

欣闻《国家无障碍战略研究与应用丛书》(第二辑)付梓，这份欣喜，既表达了对我国无障碍事业的蓬勃发展态势的喜悦，也有为那些投身于无障碍事业的各界人士的赞许，更饱含对创造更加宜居、宜业、宜游、舒适美好生活环境的期待。此套丛书的出版，对助力我国无障碍法治环境建设，以法治的精神、法治的力量和法治的感召，深入推进我国无障碍环境建设高质量发展，向世界展示中国方案、中国作为和中国成果，意义重大。

此套丛书汇集了我国无障碍理论研究的最新成果，聚合了北京大学、清华大学等国内高校和科研机构专家团队的力量，以多元视角、在诸多层面，系统性地对无障碍的社会价值、经济价值、科技创新等领域进行研究，同时对我国无障碍社会实践进行了深化梳理和总结，对城市更新、适老化改造、全龄友好型社区和残疾人家庭无障碍改造等进行了细化研究，为不断满足人民群众日益增长的对美好生活的需要，促进人的全面发展、逐步实现共同富裕的目标等提供了理论支持，发挥了无障碍理论研究与实践融合的独特作用及价值。

习近平总书记指出："无障碍设施建设问题是一个国家和社会文明的标志，我们要高度重视。"这为我国无障碍事业发展提供了遵循，指明了方向。无障碍环境建设是一个国家科技化、智能化、信息化水平的体现，是一个国家经济建设和社会建设水平的体现，也是一个国家硬实力和软实力的综合体现。无障碍环境建设的高质量发展，将更好地满足人民群众日益增长的需

张苏军　第十三届全国人大常委会委员，第十三届全国人大监察和司法委员会副主任委员，中国法学会党组成员、副会长。

求，充分体现"以人民为中心"的发展理念。我国有8500多万残疾人，有近2.64亿60岁以上老年人，是世界上残疾人口和老年人口最多的国家，在无障碍环境建设方面有着巨大的现实需求。消除公共设施、交通出行、信息通信等领域的障碍，让广大老年人、残疾人平等地参与到康养、教育、就业和社会生活中，加强无障碍环境建设，是保障全社会成员特别是残疾人、老年人等有特殊需求群体融合共享社会生活的重要前提，是完善城乡基本公共服务的重要内容，是应对老龄化、满足适老化需求的重要措施，是建设美丽中国、健康中国的重要体现，是国家经济发展、人权保障、社会文明进步的重要标志。对于提升老年人、残疾人的社会适应能力，促进社会融合具有重要的现实意义。

近年来，我国无障碍环境建设发展迅猛。无障碍法规政策标准体系不断完善，无障碍设施、无障碍信息、无障碍服务水平不断提高，城乡无障碍环境建设方兴未艾，社区、残疾人家庭无障碍改造受益面不断扩大，无障碍环境建设取得的成就，在国内外彰显了重要的人文价值，产生了良好的社会影响。党的十九届六中全会总结中国共产党从小到大、从弱到强，从胜利走向胜利的根本经验，就在于依靠人民、服务人民、赢得民心。坚持以人民为中心的发展思想，着力保障和改善民生，着力解决人民群众急难愁盼问题，加强基础性、普惠性、兜底性民生保障建设，在幼有所育、学有所教、劳有所得、病有所医、老有所养、住有所居、弱有所扶方面不断推进。为人民创造安宁祥和、稳定有序的社会环境，才能让人民生活全方位改善，获得感、幸福感、安全感更加充实、更有保障、更可持续。这其中，高质量推进无障碍环境建设发展是必不可少、大势所趋的应有之义。

应该看到，当前我国无障碍环境建设与经济建设和社会发展水平还不相适应，无障碍环境建设还面临着诸多亟待解决的困难和问题；我国法律中关于无障碍的规定还不系统、不规范，法律之间缺乏有效衔接，而且多部专业领域的法律中未涉及无障碍环境建设的规定内容，因此，需要整合并形成系统完善的无障碍专门法律，强化无障碍法规政策实施落地的切实举措，进一步以法治来推进无障碍环境建设与国家社会经济发展和人权保障成果的融合，以法治来建立新冠肺炎疫情防控工作中的无障碍环境保障长效机制，以法治来促进无障碍环境护佑人民群众生命安全和身体健康，以法治来保障我国无障碍环境建设持续健康高质量发展，满足社会全体成员对无障碍环境建设日益增长的迫切需求。

无障碍环境建设立法已成为当前重要课题，是新阶段推进无障碍环境建设的必然所需，亟待加快无障碍环境建设立法进程。无障碍环境建设是一项整体的社会改造工程，不仅需要政府的主导，还需社会力量，特别是科研机构、社会组织等的广泛参与。无障碍立法既要立足现实，也要有前瞻性，要在中国特色社会主义法治体系之下探寻无障碍建设的法治保障，满足广大社会成员日益增长的无障碍需求，实现无障碍环境建设的高标准、高质量发展。

借《国家无障碍战略研究与应用丛书》（第二辑）出版，向促进社会美好和谐发展的中国无障碍事业致敬！向丛书全体编创人员表示感谢和敬意！

2021 年 11 月

国家无障碍战略研究与应用丛书（第二辑）
顾 问

叶静漪　庄惟敏　吕世明

前　言

无障碍环境建设是为一切需要它的社会成员平等参与社会、实现融合发展的重要措施。习近平总书记在湖南考察时提到"无障碍设施建设问题，是一个国家和社会文明的标志"。当前，我国60岁以上老年人约2.64亿人，残疾人8500多万人。为老年人、残疾人等提供无障碍交通出行环境，是人民交通为人民、建设人民满意交通的重要内容，是推动交通运输改革发展成果更好惠及人民群众、满足人民美好生活需要的重要举措。

近年来，交通运输部加快推进交通运输无障碍环境建设，加强和改善老年人、残疾人等群体的出行服务，保障老年人、残疾人等的出行权益，取得了显著效果。中共中央、国务院印发《交通强国建设纲要》提出"到2035年，无障碍出行服务体系基本完善"的建设目标，并要求加快完善无障碍基础设施。《国家综合立体交通网规划纲要》提出"加强交通运输人文建设"，要求"加强无障碍设施建设，完善无障碍装备设备，提高特殊人群出行便利程度和服务水平。健全老年人交通运输服务体系，满足老龄化社会交通需求。创新服务模式，提升运输服务人性化、精细化水平。"无障碍环境已成为加快交通强国建设的重要内容。

交通无障碍的概念来源于无障碍环境。交通无障碍是无障碍环境建设的一项重要内容，本质上是为满足残疾人、老年人、孕妇、婴幼儿和暂时行动不便者等社会特殊弱势群体出行需求，依托专业设施、设备、人员，提供高水平运输服务供给。交通无障碍包含交通基础设施的无障碍、配套设备的无障碍以及运输服务的无障碍。交通无障碍既具有交通运输基本属性，又具有推动经济社会进步、满足人民群众对美好生活追求的特殊功能。交通无障碍环境建设水平是交通运输高质量发展的重要体现，是交通强国建设的重要内容。

无障碍环境涉及公共建筑（医院、体育场、商场）、居住建筑设施的无障碍、社区的无障碍、交通的无障碍、信息交流的无障碍等内容。而交通无障碍在整个无障碍环境建设中发挥着"中枢纽带"的作用，通过交通无障碍，任何人能够实现在住宅、社区、医院、公园、商场、体育场等各场所的转移，从而搭建整个社会的无障碍环境。交通无障碍是在交通出行本身实现无障碍的同时，实现了全社会无障碍环境的连通，是构建整个无障碍环境中非常重要的内容。

随着老龄化社会的到来，经济社会的发展变化，残疾人、老年人等对运输服务的质量要求也越来越高。交通运输应遵循运输需求的发展趋势，进一步完善基础设施、配套设备，不断提高服务水平，提供公平的无障碍出行服务。推进交通无障碍环境建设是全面建设社会主义现代化国家的必然要求，是交通运输贯彻落实新发展理念的重要着力点，是交通运输支撑构建新发展格局的重要途径，是落实《交通强国建设纲要》《国家综合立体交通网规划纲要》的重要体现。

无障碍交通出行环境建设是一项系统工程，应从基础设施、配套设备、运输服务和制度文化等四个组成部分推动实施。本书总结了近年来我国无障碍交通出行环境建设的成就及经验，试图根据交通强国关于无障碍交通出行环境建设的要求，提出我国无障碍交通出行体系构建的总体思路、发展目标，并从体制机制、政策规划、标准体系和能力建设等方面提出无障碍交通出行发展的重点任务，供大家学习、参考和借鉴。由于研究水平所限，本书还存在不少疏漏和不足之处，一些观点可能难以为业内人士所认同，希望各界同仁不吝批评指正！

在本书编写过程中，姜彩良、郑维清、刘晓菲、赵昕、聂婷婷、陈徐梅、石琼、韩笑忞、高畅、杨权、张晨、居正、许晴等参加了相关章节的撰写，在此深表感谢！

谢琼　陈朝
2021 年 9 月

目 录

总　序 …………………………………………………………… 张苏军
前　言 …………………………………………………………………… 001

第一章　无障碍出行的基础理论 ……………………………………… 001
　　第一节　无障碍出行的内涵与特点 ……………………………… 002
　　　　一、无障碍出行的内涵 ……………………………………… 002
　　　　二、无障碍出行的特点 ……………………………………… 003
　　第二节　无障碍出行的理论基础 ………………………………… 004
　　　　一、系统理论 ………………………………………………… 004
　　　　二、社会权利理论 …………………………………………… 007
　　　　三、多元主体治理理论 ……………………………………… 009
第二章　我国无障碍交通出行发展现状 ……………………………… 015
　　第一节　我国无障碍出行的政策现状 …………………………… 016
　　　　一、无障碍交通出行的政策发展历程 ……………………… 016
　　　　二、无障碍交通出行政策存在的问题 ……………………… 019
　　第二节　我国无障碍交通出行的发展现状 ……………………… 022
　　　　一、交通运输的发展历程与现状 …………………………… 022

二、无障碍交通出行的制度保障 ……………………………………… 027

　　三、无障碍交通出行的发展实践 ……………………………………… 034

　　四、无障碍交通出行存在的问题 ……………………………………… 042

第三章　我国无障碍交通出行的发展要求 ………………………………… 045

　　一、高质量发展的根本要求 …………………………………………… 046

　　二、应对人口老龄化的必然要求 ……………………………………… 047

　　三、民生经济发展的基本要求 ………………………………………… 048

　　四、社会治理体系的组成部分 ………………………………………… 050

　　五、科技创新的必然趋势 ……………………………………………… 051

　　六、交通强国建设的应有之义 ………………………………………… 052

第四章　典型国家和地区无障碍交通出行的经验借鉴 …………………… 057

　第一节　日本的无障碍交通出行 ………………………………………… 058

　　一、日本无障碍交通出行的现状 ……………………………………… 058

　　二、日本无障碍交通出行的发展演变 ………………………………… 059

　　三、日本无障碍环境建设的发展经验 ………………………………… 063

　第二节　加拿大的无障碍交通出行 ……………………………………… 064

　　一、加拿大无障碍交通出行政策体系 ………………………………… 064

　　二、加拿大无障碍交通出行的建设内容 ……………………………… 066

　　三、加拿大无障碍交通出行的责任主体 ……………………………… 069

　　四、加拿大无障碍交通出行评价 ……………………………………… 071

　第三节　德国的无障碍交通出行 ………………………………………… 072

　　一、欧洲无障碍交通出行发展现状 …………………………………… 072

　　二、德国无障碍交通出行发展现状 …………………………………… 074

　　三、德国无障碍交通出行发展经验 …………………………………… 078

　　四、德国无障碍交通出行评价 ………………………………………… 079

第四节　美国的无障碍交通出行···080
　　　　一、美国的无障碍交通出行发展现状·····································080
　　　　二、美国无障碍交通出行的法律体系·····································087
　　　　三、美国无障碍交通出行的发展趋势·····································092

第五章　我国无障碍交通出行的发展思路···095
　　第一节　无障碍交通出行体系及构成··096
　　　　一、价值理念···096
　　　　二、体系构成···097
　　第二节　无障碍交通出行体系的内容··098
　　　　一、政策无障碍···098
　　　　二、设施无障碍···100
　　　　三、信息无障碍···101
　　　　四、服务无障碍···102

第六章　无障碍交通出行体制机制··105
　　第一节　无障碍交通出行建设的管理体制····································106
　　　　一、无障碍交通出行建设规划主体·······································106
　　　　二、无障碍交通出行建设标准制修订主体································107
　　　　三、无障碍交通出行建设管理主体·······································108
　　　　四、无障碍交通出行设施运营维护主体··································109
　　　　五、无障碍交通出行建设资金来源·······································110
　　第二节　无障碍交通出行的协调机制··111
　　　　一、政府及机构···111
　　　　二、政策法规标准···113
　　第三节　无障碍交通出行认证机制··116
　　　　一、存在问题···116

二、关键点 ··· 116

　第四节　无障碍交通出行监督机制 ··· 117
　　一、政府机构 ··· 117
　　二、残疾人组织 ··· 119

　第五节　无障碍交通出行评价机制 ··· 121
　　一、建立评价指标体系的意义 ··· 121
　　二、指标体系构建原则 ··· 122
　　三、指标选取思路 ··· 123
　　四、指标体系的应用 ··· 125

第七章　无障碍交通出行政策与规划 ··· 127
　第一节　无障碍交通出行政策体系构建 ····································· 128
　　一、我国无障碍交通出行政策的制定主体 ························· 128
　　二、政策体系建立的基本原则 ··· 128
　　三、无障碍交通出行政策的基本框架 ································· 129
　　四、无障碍交通出行政策体系构成 ····································· 129

　第二节　无障碍交通出行规划体系 ··· 130
　　一、无障碍交通出行规划现状 ··· 130
　　二、无障碍交通出行设施分类 ··· 132
　　三、无障碍交通出行规划体系 ··· 133

第八章　无障碍出行标准体系 ··· 137
　第一节　无障碍出行标准概述 ··· 138
　　一、无障碍出行相关标准现状 ··· 138
　　二、其他标准规范中无障碍出行的相关内容 ····················· 140
　　三、相关法规和政策文件对无障碍出行标准的补充 ········· 141
　　四、总结 ··· 142

目 录

第二节 无障碍出行标准体系框架 …………………………… 143
一、标准体系框架构建的原则 …………………………… 143
二、标准体系框架设计 …………………………… 144

第三节 无障碍出行标准需求分析 …………………………… 147
一、基础标准需求分析 …………………………… 147
二、运输服务无障碍标准需求分析 …………………………… 147
三、基础设施无障碍标准需求分析 …………………………… 148
四、交通工具无障碍标准需求分析 …………………………… 149

第四节 无障碍出行标准体系发展建议 …………………………… 150
一、完善无障碍出行标准体系 …………………………… 150
二、推动无障碍出行标准全方位一体化发展 …………………………… 150
三、无障碍出行标准应体现通用性设计理念 …………………………… 151
四、加强国际标准跟踪研究 …………………………… 151
五、加强对无障碍出行标准的落实和监管 …………………………… 151

第九章 无障碍交通出行治理能力建设 …………………………… 153

第一节 强化无障碍出行治理理念 …………………………… 154
一、人本治理 …………………………… 154
二、创新治理 …………………………… 155
三、协调治理 …………………………… 155
四、开放治理 …………………………… 155
五、共享治理 …………………………… 156

第二节 优化无障碍出行治理结构 …………………………… 156
一、加强党的领导 …………………………… 157
二、完善政府治理体系 …………………………… 157
三、完善市场治理体系 …………………………… 158

四、完善社会治理体系……………………………………………… 159

第三节 完善无障碍出行治理制度 …………………………………… 159

一、构建法规政策与标准规范体系………………………………… 160

二、深化管理体制机制改革………………………………………… 160

第四节 提升无障碍出行治理能力 …………………………………… 161

一、坚持党的领导…………………………………………………… 161

二、提升治理能力…………………………………………………… 161

三、推进多方共治…………………………………………………… 162

四、加强治理创新…………………………………………………… 162

五、强化文化引领…………………………………………………… 163

参考文献……………………………………………………………………… 165

第一章
无障碍出行的基础理论

第一节 无障碍出行的内涵与特点

一、无障碍出行的内涵

无障碍概念发端于欧美国家，最早出现在建筑设计领域，与工业化、城市化发展和权利运动等密切相关[①]。与其对应的有两个英文单词："Barrier-free"及"Accessibility"，前者为早期普遍使用词汇，后者为近三十年来逐渐衍生出的规范用语。1959年，欧洲议会通过《方便残疾人使用的公共建筑之设计与建设的决议》，并第一次正式使用了"无障碍"概念。1982年，联合国通过《关于残疾人的世界行动纲领》，其中多次提到"障碍"一词，各种物理、文化和社会的障碍限制着残疾人进入物质环境与社会环境，必须予以消除。自此，无障碍概念从建筑设计领域拓展到残障人生及其他社会领域。1985年，在"残疾人与社会环境"研讨会上，我国首次使用无障碍概念。

2012年出台的《无障碍环境建设条例》将"无障碍环境建设"界定为"为便于残疾人等社会成员自主安全地通行道路、出入相关建筑物、搭乘公共交通工具、交流信息、获得社区服务进行的建设活动"。后又有广义与狭义之分。狭义的无障碍环境建设，是指包括物质环境无障碍建设、信息与交流无障碍建设在内的无障碍设施建设。其中，物质环境无障碍建设主要要求为：城市道路、城市广场、城市绿地、居住区、居住建筑、公共建筑及历史文物保护建筑等的规划、设计和建设应方便所有人行动和使用。信息与交流无障碍环境建设主要要求为：无论是健全人还是残疾人，年轻人还是老年人，语言文化背景和收入水平如何，任何人在任何情况下都能平等地、方便地获取信息和利用信息[②]。广义上的无障碍环境建设，除狭义的无障碍环境建设外，亦包括人文层面无障碍环境建设。人文层面的无障碍环境建设，是指营造一

[①] 厉才茂.无障碍概念辨析[J].残疾人研究，2019(4):64-72.
[②] 吴蕴臻.论残疾人无障碍环境建设现状与对策[J].江苏科技信息，2008(9):34-35.

种消除社会歧视，实现人人平等，交流、交往、参与无障碍的社会氛围。

作为无障碍环境建设的重要组成部分，无障碍出行是对于包括残疾人、老年人、儿童等有出行需求的群体的基本权利保证。交通出行无障碍是无障碍出行的主要且关键部分，旨在保障出行者在减少甚至无他人帮助的情况下，独自实现空间位置的移动。其既包括出行所需要的基础设施和交通工具的无障碍，也包括交通配套系统如信息、辅助设备及标识等的无障碍和客运服务系统的无障碍；既包括城市间的交通出行无障碍，也包括城市内的交通出行无障碍，还包括出行慢行系统的无障碍。交通出行无障碍的实现既需要宏观层面上法律政策体系的引导与保障，也需要中观层面上各部门、各主体以及各种设施与服务的统合实践，还需要微观层面上所有交通出行无障碍所涉及的具体细节的设计与实施等，通过多种资源的系统配置、多个主体的作用发挥，实现不同空间的有效衔接，构建惠及所有人的无障碍出行环境，打破有形与无形的出行障碍，进而打破心理上的传统社会观念与态度，通过为有出行需求的各个群体提供便利安全的出行条件，实现在日常社会生活中"自由出行"，最终建成各个群体"无差别化"地参与社会活动与社会建设的社会环境。

二、无障碍出行的特点

一是公益性。从服务的群体来看，残疾人、老年人等都属于社会特殊弱势群体，既对出行有特殊要求，又无力承担额外的费用成本，这就决定了无障碍出行无法产生显著的直接经济效益，具有明显的公益属性，需要政府部门发挥主导作用，给予特殊政策和专项资金支持。特别是在中国特色社会主义制度下，坚持以人民为中心的发展理念，满足人民对美好生活的向往，更加要求对弱势群体的基本出行服务给予保障。

二是系统性。无障碍出行建设是一项系统工程。在系统组成方面，涉及交通基础设施、技术装备、运输服务、行业治理等；在推进路径方面，涉及战略规划、法规政策、设计标准、工程建设、技术创新等；在专业领域方面，涉及铁路、公路、水运、民航、邮政等。开展无障碍出行建设，需要从全局角度，统筹谋划、系统推进，构建覆盖全面、无缝衔接、安全舒适的无障碍交通运输体系。

三是专业性。无障碍出行是一门跨专业、跨领域的学科，需要有社会治理、建筑设计、装备制造、交通运输等综合知识技术体系，而且目前无障碍出行产品的设计制造往往还牵扯到人工智能、信息网络、新型材料等前沿科技领域，需要基于交通运输发展规律寻求技术创新、模式创新、政策创新。同时，在交通工程领域、运输服务领域都需要加大无障碍出行专业人才的培养，提升无障碍出行服务的针对性、有效性。

四是附属性。无障碍出行不是一个独立的运行体系，是附加于交通运输基本系统之上的延伸体系。无障碍出行建设是交通运输发展到一定阶段、具备一定基础之后提供更高水平服务的一项重要内容，重点关注的是如何在既有设施设备配置、运输服务标准、政策保障框架下，针对不同群体出行特征，进行优化和改进，最大限度地利用现有资源，为残疾人、老年人等社会特殊弱势群体争取更大的出行权益保障。

第二节　无障碍出行的理论基础

一、系统理论

系统思想源远流长，但作为一门科学的系统论，人们公认是美籍奥地利人、理论生物学家L.V.贝塔朗菲（L.Von.Bertalanffy）创立的。他在1932年提出"开放系统理论"，提出了系统论的思想。1937年提出了一般系统论原理，奠定了系统科学的理论基础。1968年，贝塔朗菲发表的专著——《一般系统理论：基础、发展和应用》被认为是系统论的代表作。

系统是指在一定环境条件下，诸要素通过在时空中的相互联系，按照一定的秩序组合起来的具有特定性质和功能的统一整体。系统理论主要有以下几个方面的特征[①]：

其一，整体性。整体性是系统理论最核心的概念。系统理论认为，系统是由若干要素以一定结构形式联结构成的具有某种功能的有机整体。贝塔朗菲强调，任何系统都是一个有机的整体，它不是各个部分的机械组合或简单相加，系统的整体功能是各要素在孤立状态下所没有的性质。其二，关联性。系统内各要素之间相互依赖、相互作用和有机联系。关联性是系统理论的基本思想方法。系统理论认为，整个世界就是系统的集合。研究系统的目的在于协调各要素关系，调整系统结构，使系统达到优化目标。其三，结构性。由于元素间的相互作用，使系统作为一个整体具有特定的功能。系统要素之间的相互作用是构成系统演化的根本动力。结构性的变化导致系统变化即为系统理论的结构性。系统以特定结构形态存在，要素之间的相互作用导致结构变化，即系统演化，包括进化与退化两种形态。其四，动态性。系统并非已经完成的、静止的，而是动态的。动态性贯穿于系统理论的各个方面。在对要素之间的相互作用以及要素在系统整体的变化中动态把握系统的演变，在对系统的发生、发展和消亡的总体过程动态中把握系统的结构形态。在动态系统理论看来，静态系统是不存在的，各种具体的系统科学方法无不体现动态性特征。

系统理论分为一般系统理论与生态系统理论。

1971年，贝塔朗菲提出一般系统理论，认为生命有机体都是一个完整的系统，各个系统都是一个更大的系统的子系统。社会生活也是一个完整系统，其中各要素相互联结，共同组成一个有序的稳定模式。系统理论强调以整体视角看待人与社会。贝塔朗菲认为，一般系统论不应局限于技术方面，应有更广泛的内容，主要包括以下三个主要方面：其一，关于系统的科学，即用精确的数学语言来描述系统，研究适用于一切系统的根本学说。其二，系统技术，即用系统思想和系统方法来研究工程系统、生命系统、经济系统和社会系统等复杂系统。其三，系统哲学，即研究一般系统论的科学方法论

[①] 皮书数据库，系统理论指导下的社区地下空间安全管理研究——以北京市西城区展览路街道为例，http://202.112.82.24:8080/ps/databasedetail?SiteID=14&contentId=7635687&contentType=literature&type=&subLibID=，2016-08。

的性质。①

生态系统理论源起于达尔文的进化论，被视为一般系统理论的一个亚类型。20世纪初，玛丽·里士满和珍·亚当斯在慈善组织会社和睦邻组织运动中选取的理论倾向，成为生态系统理论的先导。②20世纪80年代，杰曼和吉特曼提出的生命模式成为生态系统理论的主要理论框架。生态系统理论认为人生来就具备了与环境和他人互动的能力，人们与其所处的环境是一个相互依赖、彼此补充的有机整体。人类遵循适者生存的原则，个人意义由环境赋予，应把个人问题放在生活环境中进行理解与分析。③

总体而言，系统理论是用一般系统理论的系统概念隐喻人类生存期间的环境，将人类发展置于一个特定的系统中进行考察。人被看成是在环境中与各种系统持续互动的人，人们极具活力地参与各个系统。系统理论主要用于分析社会政策、组织或群体的环境对个人产生的影响，系统实践的评估是一个多元化的综合性评估，要考察的内容包括个人、家庭、机构以及更大的社会、文化背景。④

系统理论下的无障碍出行要考虑各类人群所处的系统环境，要洞见到系统中的资源和障碍，并分析这些资源和障碍会对各类人群的出行产生怎样的影响，把个人放在整体环境中进行考量。其中生态系统理论下的无障碍出行要求把注意力放在促进各类人群环境适应上，强调消除出行环境中的各种障碍，以促使环境能够对各类人群的需求做出更有针对性地回应。此外，无障碍出行环境由无障碍设施、无障碍道路、无障碍出行服务、无障碍出行信息递送等各子系统构成，由于各子系统之间始终处于不断变化之中，在无障碍出行中还需要注意把问题置于动态系统之中，观察每一种环境因素的发展和改变。

---

① MBA智库百科，贝塔朗菲的一般系统论，https://wiki.mbalib.com/wiki/%E8%B4%9D%E5%A1%94%E6%9C%97%E8%8F%B2.%E7%9A%84%E4%B8%80%E8%88%AC%E7%B3%BB%E7%BB%9F%E8%AE%BA，2021-06-15.
② 王思斌.社会工作综合能力（中级）[M].北京：中国社会出版社，2009.
③ 江迟.基于生态系统理论的中国高校社会工作管理研究[D].武汉：武汉大学，2017.
④ 金宸宇.系统视角下残障人士无障碍出行问题研究——以深圳市S社区为例[D].桂林：广西师范大学，2018.

二、社会权利理论

社会权利源自西方人权思想,是人权的内涵和外延不断丰富和扩展的结果。1949 年,马歇尔出版《公民权与社会阶级》,首次系统阐述公民社会权利思想。他指出,公民权是公民在所属共同体中享有的成员地位,所有拥有这种地位的人,在这一地位所赋予的权利和义务上都是平等的。[1]平等原则、权利和义务的对等是公民权的核心。从构成要素上分析,公民权包括民事权、政治权和社会权。其他学者以此为基础,对社会权利理论进行了进一步阐述。美国学者雅诺斯基将公民权扩展为 4 项,在原有基础上增加了参与权。

第二次世界大战后,社会权利思想在与公民权理论、福利国家理论的交互影响下形成系统化的理论。20 世纪 90 年代以后,出于对福利国家危机的回应和对人类面临的风险与福祉的反思,"新社会权利"应运而生,推动社会权利理论深入发展并影响至世界各地。[2]马歇尔对社会权利的描述中,社会权利的出现属于"浪潮式"公民权利的第三波,主要对应于 20 世纪。[3]社会权利实质是底层群体追求自身权利,获取与上层社会平等地位的过程,这个过程与社会的结构、性质和历程紧密关联。根据社会发展的阶段性与社会权利的特质,社会权利发展经历了三个主要时期。[4]

第一个时期:前市场经济社会的社会权利缺失。前市场经济社会中,政治权利居于核心和主导地位,西方公民社会处于启蒙与发育阶段,底层的行动逻辑是按上层政治权利精英意识指引的,他们缺乏谋求自身权益的路径、意识和力量,因此,这一时期,社会权利处于缺失状态[5]。

第二个时期:工业社会的社会权利市场化或商品化。步入工业社会后,T.H. 马歇尔以英国的经验事实论述了社会权利的产生、变化与属性。在马歇尔看来,社会权是一种要求获得实际收入的普遍权利,而实际收入并不按人们的市场价值来衡量。就此而言,社会权实际上使人脱离了市场力量,甚至

---

[1] Marshall T.H., Bottomore T.Citizenship and social class[M].Pluto Press, 1992.
[2] 庞文,王小亮.社会权利理论的发展脉络及研究展望[J].武汉科技大学学报(社会科学版),2016, 18(4):382-387.
[3] T.H. 马歇尔,安东尼·吉登斯,等.公民身份与社会阶级[M].南京:江苏人民出版社,2008.
[4][5] 汪国华,周伟.社会权利理论发展与"新社会权利"兴起[J].兰州学刊,2011(9):53-57.

是从市场力量下把人解放出来①。

其他学者亦从理想的角度探讨了现代社会权利的属性，认为社会权利的状态应当是去商品化的或去市场化的。然而现实中，社会权利需要通过货币去购买，按市场规则去运作。因此社会权利真正实现需要国家的介入，国家角色需要转换，以保证底层群体社会权利的实现。在工业社会的前中期，社会权利市场化与商品化趋势非常明显，到了工业社会后期，社会权利去市场化和去商品化才逐渐得以实现。②

第三个时期：20世纪90年代以来的社会权利全球化和人本化。社会权利理论是第二次世界大战后特定时代背景下的产物，到20世纪70年代，随着一系列新形势、新问题不断出现，催生了社会权利理论的自我反思和发展。传统的工业主义生产方式逐渐被后工业化的知识和信息经济所取代。同时全球化的出现使世界经济与政治联系日益密切。面对以上挑战，从20世纪90年代开始，部分学者在理论方面进行突破。吉登斯、库特、德怀尔相继提出"第三条道路"、"新社会权利"观、"激励型福利体系"等思想，虽语言表述有所不同，但其主要观点存在相似之处，都可看作是对社会大环境的回应与社会权利理论的扩展。

通过全球化公民收入的推进，个人和家庭获得了去商品化、能获得收入、可选择性的工作，社会权利逐步向其本质即人本化靠近。同时，公民权可以指权利，但它也能用来指义务、行动、品行和评价③。与公民权一样，社会权利的权利与义务对等，不仅是对公民自身的一种尊重，更是对他人的尊重与机会的均等。

在国内，学者们对社会权利理论的关注始于20世纪90年代，并逐渐发展列入社会学、法学等学科的研究内容。近些年来，尤其是党的十七大、十八大以来提出"构建社会主义和谐社会、着力保障和改善民生以及建立权利、机会、规则公平的社会保障体系"后，一大批专家学者以此为主题出

---

① 陈鹏.公民权社会学的先声——读T.H.马歇尔《公民权与社会阶级》[J].社会学研究，2008(4).
② 汪国华，周伟.社会权利理论发展与"新社会权利"兴起[J].兰州学刊，2011(9):53-57.
③ Maria Christine Bernadetta Voet, eminism and Citizenship, Lon-don:SAGE, 1998, p.9.

版了多篇论著，初步构建了我国的社会权利理论体系。①社会权利具有广泛内容，洪朝辉认为社会权利包括工作权、住房权、教育权、被赡养权、医疗权、公正和适当的资源分配权、平等的性别权等12类。②目前国内民众在社会权利享有方面还存在诸多问题。杨光斌指出，改革开放以来我国一直关注和解决经济权利问题，应把战略重点放在解决社会权利问题上。③

在我国，改善民生、加强社会建设的一系列举措都与社会权利保障具有高度一致性。党的十八大明确提出要建立以权利公平、机会公平、规则公平为主要内容的社会公平保障体系，保证人民平等参与、平等发展的权利。十八届四中全会强调要通过法治保障公民经济、文化、社会等各方面权利得到落实。可见，权利公平、权利保障成为党和国家关注的重点，表明了党和政府保障和改善民生、创新社会治理理念和方式的强烈意愿。④完善无障碍出行服务体系是建设基本公共服务体系的重要内容，是保障老年人和残疾人等群体平等出行权的必要条件，也是社会文明程度的重要标志之一。进一步改善无障碍出行环境，有利于实现基本公共服务均等化，从而使基本公共服务更好地惠及各类群体。

三、多元主体治理理论

无障碍交通出行涉及多个主体，在治理措施上亦需要从不同主体维度进行考量。

英语中"治理"（governance）一词源于古希腊语和拉丁文，最初的含义是控制、引导和操纵⑤。全球治理委员会将治理界定为："治理是各种公共的或私人的机构管理其共同事务的诸多方式的总和，它是使相互冲突的或不同的利益得以调和并且采取联合行动的持续的过程。它既包括有权迫使人们服从的正式制度和规则，又包括各种人们同意或者以为符合其利益的非正式的

---

①④ 庞文，王小亮.社会权利理论的发展脉络及研究展望[J].武汉科技大学学报（社会科学版），2016,18(4):382-387.
② 洪朝辉.论中国城市社会权利的贫困[J].江苏社会科学，2003(2):116-125.
③ 杨光斌.社会权利优先的中国政治发展选择[J].行政论坛，2012,19(3):5-11+99.
⑤ 让·皮埃尔·葛丹.何谓治理[M].北京：社会科学文献出版社，2010.

制度安排。"① 多元主体是治理理论最核心的内涵，在一定范围内运用权威维持秩序的中心不止有政府一个，而是多个。多个治理主体在协商、合作、上下互动的过程达到秩序的维护，甚至善治的目标。②

"多中心性"兴起于经济学领域。到20世纪90年代，随着社会科学的不断发展，"多中心"逐渐应用于多个领域，奥斯特罗姆认为集权制与分权制都不能解决单中心治理社会问题的弊端，将"多中心性"引入公共领域，提出了多中心治理理论。③ 在很多社会问题治理上，公共性决定了政府不能一肩独揽，必须打破单中心治理的模式，让政府、市场、非政府组织、企业、个人等多元主体都参与进来。具体包括以下三方面的内容④：

第一，多中心治理首先意味着公共事务解决主体的多元性。单纯的政府垄断会产生效率低下、机构冗繁以及寻租腐败等一系列问题，同样地完全的市场治理会导致公共性的缺失，私利主义横行，二者都具有局限性。多中心的治理理论强调跳出单一治理思路，主张各主体共同参与，实现互补优势。第二，多中心治理要求政府角色的转变。政府应转变解决社会问题的传统思路，以中介者的身份参与公共问题治理，在统筹兼顾各方利益的前提下，运用法律、政策、经济等多种调控手段，为公共事务的处理以及公共物品的提供给予便利。⑤ 第三，多中心治理理论实际上是采用分层次、分级别的多用性制度的立体体系，而不是单一主体的"命令＋执行"的单维度模型。倡导各主体分别依据自身所应承担的责任制定制度，通过相应制度实施，实现协同共治。

多中心治理理论主张在解决公共问题时，倡导相互依存的利益群体根据实际情况，按照事先确定的制度规则进行行动和力量的组合，以实现解决问题方式的灵活性和自主性，提高问题解决的成效。高度自主性治理是"多中心治理的关键"，因此多中心治理理论也被部分学者称为"公共事务自主治理

---

① 范文，魏婷，魏娜.现代城市社区的多元主体协同治理实践——以治理理论为分析视角[J].改革与开放，2016(8):62-64.

② 雷龙涛.乡村治理视域下的农村社会组织研究——基于一个农村社会组织的个案分析[D].南昌：江西师范大学，2016.

③④ 于洋.多元主体协同治理理论视域下农村环境污染治理问题的研究[D].南京：南京航空航天大学，2018.

⑤ 奥斯特罗姆.公共事物的治理之道[M].余逊达，陈旭东，译.上海：三联书店，2000.

的制度理论"①。

多中心治理必然要求协同治理。20世纪70年代，德国物理学家Hermann Haken创立了协同学，认为无论是自然界还是社会领域都有着复杂相连的系统，即使这些子系统的性质可能完全不同，但各子系统间仍然可以通过合作与竞争的方式，最终从无序发展演变至有序前进的状态②。《协同治理概念考辨》③一文中指出，"'协同治理'指的是政府与企业、社会组织或者公民等利益相关者，为解决共同的社会问题，以比较正式的适当方式进行互动和决策，并分别对结果承担相应责任"。美国多纳休教授认为协同治理是一种特定的公私协同方法。④艾默生则认为，社会性的问题出现是多方交错复杂产生的结果。加之有多个公共或者私人利益主体参与，在此情况下不能仅仅由单一主体进行决定，而应由多元主体共同合作。这种合作贯穿于过程始终。⑤

协同治理理论着重强调以下几点：一是治理主体的多元性是前提。协同治理体系是一个复杂体系，它建立在人际关系之上，以明确的合作制度为连接各主体的纽带，体系内的各主体还必须承担相应的责任和义务⑥。二是各主体之间的协作性。在协同治理理论体系中，各主体都有自己的责任，要求政府弱化管理职能增强协调职能，能最大限度整合各种资源，实现各主体的协同增效。三是各自组织的协调性。要求通过相互协调，使各主体最大程度发挥自身优势，进一步提高公共问题的治理成效。⑦四是对规则达成共识。协同治理不仅仅是个人行为，还是群体的想法。在一定程度上，制定出的规则应是大部分人认同的结果。

---

① 陈艳敏.多中心治理理论——一种公共事物自主治理的制度理论[J].新疆社科论坛，2007(3):35-38.
② [德]赫尔曼·哈肯.协同学——大自然构成的奥秘[M].凌复华，译.上海：上海译文出版社，2005.
③ 田培杰.协同治理概念考辨[J].上海大学学报（社会科学版），2014，31(1):124-140.
④ Donahue John, On collaborative govemance[M].Cambridee, MA:Harvard University, 2004.
⑤ Emerson K,Nabatchi T.B alogh S.An integrative Framework for Collaborative Governance [J]. Journal of Public Administration Research & Theory, 2012(221):1-29.
⑥ James Rosenau & Ernest Czempiel. Governance without Government:Order and Change in WorldPoli-tics, Cambridge[M]. Cambridge University Press, 1992.
⑦ 于洋.多元主体协同治理理论视域下农村环境污染治理问题的研究[D].南京：南京航空航天大学，2018.

上述两种理论均试图寻求治理主体多元化、治理权威多样性来解决公共问题治理主体单一的弊端，但其侧重点有所不同，多中心治理理论更突出治理主体的多元性，协同治理理论则更强调各主体之间的协同方式。多元协同治理理论在吸纳多中心治理理论及协同治理理论的基础上，倡导在处理和解决公共问题时充分发挥各主体的积极性的基础上，将多元主体性与协同治理理论进一步融合并加以明确，用协同治理手段来克服多中心下过分注重各主体自主性的弊端，强调将各主体通过明确途径和手段组合起来处理问题，以实现高效高质地处理公共问题的目的。[①]

实践中，党的十八届三中全会提出"实现国家治理体系和治理能力现代化"，治理正式从学术探讨层面上升为国家的治国方略，我国的治国思路在经历"统治""管理"阶段后，步入"治理"阶段。[②] 无障碍出行环境的建设，不再是政府依靠行政命令与强制权威进行单向度管理的时代，而需无障碍出行环境建设相关方的政府、社会、大众共同参与，不同主体发挥各自作用展开协商、合作与互动，在无障碍出行规则制定、政策执行和监督等环节共同发挥作用，形成多元治理、协同发展之势。

综上所述，随着时代的发展变化，人们对社会权利与社会治理的认识和要求亦不断发展变化，具体到无障碍出行，影响便是其内涵与外延不断深入、丰富。如，传统意义上的交通涵盖基础设施、交通工具和运输服务三个方面，其中运输服务包含售票服务以及运输过程中的所有服务，即枢纽服务。随着交通信息化的发展，人们对交通信息服务提出了要求并不断升级，随后交通信息服务成为交通运输的主要内容之一。交通信息服务是指交通信息系统为交通参与者提供的各种信息服务，主要包括出行前交通计划服务、给途中驾驶员提供交通信息、交通工具和路线导航及给出行者提供信息服务等。[③] 在此基础上，无障碍交通出行还应包括空铁水航运输无障碍、交通工具无障碍、信息无障碍及服务无障碍。其一，空铁水航运输无障碍。即在现

---

① 于洋.多元主体协同治理理论视域下农村环境污染治理问题的研究[D].南京：南京航空航天大学，2018.
② 雷龙涛.乡村治理视域下的农村社会组织研究——基于一个农村社会组织的个案分析[D].南昌：江西师范大学，2016.
③ 马广文，王西秩总.交通大辞典[M].上海：上海交通大学出版社，2005.

有海陆空运输基础上,建设立体交通网络,在完善基础设施、创新产品基础上,提升空铁水航联运,充分发挥各项运输优势。其二,交通工具无障碍。包括市内公共汽车、电车、地铁、渡船等交通工具无障碍。其三,交通信息无障碍。包括无障碍出行地图开发、无障碍出行应用推广等。其四,服务无障碍。包括提供无障碍运输服务即无障碍人员服务。从空间上来看,无障碍交通出行除了包括城市间无障碍出行、城市内部无障碍外,慢行系统的无障碍也应被纳入进来,因为只有这样成系统、成体系,出行才能真正实现无障碍。

总之,无障碍出行的建设,也应充分发挥系统理论、社会权利理论、多元主体共治理论的指导作用,重视顶层设计和系统性设计,建立各部委、各级政府间的协调合作机制,发挥政府、社会和市场的多种力量,共同维护全体群众平等、无障碍地享有出行权利,共同打造无障碍交通出行环境。

第二章
我国无障碍交通出行发展现状

第一节　我国无障碍出行的政策现状

一、无障碍交通出行的政策发展历程

（一）无障碍交通出行政策的法律支撑

相关法律法规的建立完善，是制定我国交通出行无障碍建设各项发展政策的法律支持，也是交通出行无障碍建设工作顺利进行的保障。无障碍相关法律法规主要集中于保障残疾人、老年人权益方面。

《中华人民共和国宪法》作为我国的根本大法现行版本为1982年宪法，并于2018年第五次修订。在第四十五条明确提出：中华人民共和国公民在年老、疾病或者丧失劳动能力的情况下，有从国家和社会获得物质帮助的权利。国家和社会帮助安排盲、聋、哑和其他有残疾的公民的劳动、生活和教育。

我国现行法律中最早明确无障碍措施的是1990年通过的《中华人民共和国残疾人保障法》，在第四十六条明确提出国家和社会逐步实行方便残疾人的城市道路和建筑物设计规范，采取无障碍措施。

作为保障老年人权益的法律，1996年通过的《中华人民共和国老年人权益保障法》第三十条明确提出新建或者改造城镇公共设施、居民区和住宅，应当考虑老年人的特殊需要，建设适合老年人生活和活动的配套设施。

2008年修订的《中华人民共和国残疾人保障法》第七章为无障碍环境专篇，其中含有专门针对交通出行无障碍的专门规定。第五十三条提出新建、改建和扩建建筑物、道路、交通设施等，应当符合国家有关无障碍设施工程建设标准。第五十五条提出公共交通工具应当逐步达到无障碍设施的要求。有条件的公共停车场应当为残疾人设置专用停车位。第五十七条提出国家鼓励和扶持无障碍辅助设备、无障碍交通工具的研制和开发。

2012年修订的《中华人民共和国老年人权益保障法》第六章为宜居环境

专篇，在交通出行无障碍方面主要是第六十三条，提出新建、改建和扩建道路、公共交通设施、建筑物、居住区等，应当符合国家无障碍设施工程建设标准。

在以上老年人、残疾人相关法律基础上，2012年国务院通过了《无障碍环境建设条例》，对无障碍环境建设进行了明确规定。其中第二章为无障碍设施建设专篇，在第九、十一、十二、十三、十四、十五条中，分别对道路、公共交通设施、公共交通工具等方面的无障碍设施建设和改造提出了要求。

通过以上分析可以看出，我国无障碍环境建设相关法律法规支撑已经初步建立，但在交通出行无障碍方面的条文还比较宏观、不成体系，需要相关的配套政策进一步细化和完善。

（二）交通出行无障碍政策演进

随着无障碍相关法律法规的逐渐完善，我国出台和颁布了一系列政策对无障碍建设进行规范和引导，促进了出行无障碍的发展。对无障碍政策体系的发展历程进行梳理，为进一步总结交通出行无障碍政策存在问题和完善政策体系基础。

1. 起步期（1990—2005年）

该阶段出台的相关政策文件主要集中在为残疾人提供无障碍设施和服务。1990年《中华人民共和国残疾人保障法》的通过，国家从保护残疾人权益角度开始重视无障碍建设问题，在此基础上相继出台了系列政策。《中国残疾人事业"九五"计划纲要》提出将执行《方便残疾人使用的城市道路和建筑物设计规范》纳入基本建设审批内容，制定相应规定，广泛宣传、逐步推广无障碍设施。《中国残疾人事业"十五"计划纲要》提出积极推行无障碍建设。在新建、改建城市道路、交通设施时要认真执行《城市道路和建筑物无障碍设计规范》和其他有关方便残疾人使用的强制性标准，城市现有道路、重要公共建筑物等应按《城市道路和建筑物无障碍设计规范》的要求逐步改造，在小城镇建设中应积极推行道路和建筑物的无障碍建设。推动公共交通设施的无障碍建设，公共交通工具应提高无障碍设备配置水平并提供相应服务。

1996年通过的《中华人民共和国老年人权益保障法》提出考虑老年人的

特殊需要，建设适合老年人生活和活动的配套设施。在此基础上，《中国老龄工作七年发展纲要（1994—2000年）》提出城市规划、市政建设、居民住宅、公共设施都要照顾老年人的特殊需求。《中共中央、国务院关于加强老龄工作的决定》提出在参观、游览、乘坐公共交通工具等方面，对老年人给予优待和照顾。《中国老龄事业发展"十五"计划纲要》提出住宅、道路交通和公共设施建设应逐步满足老年人的特殊需求。该阶段老年人相关政策仅从宏观层面提出考虑老年人的特殊需要。

2. 调整发展期（2006—2015年）

2006年出台的《中国老龄事业发展"十一五"规划》将无障碍建设纳入老龄化政策文件，2012年修订的《中华人民共和国老年人权益保障法》为无障碍设施建设作为保障老年人权益提供了法律保障，标志着无障碍设施和服务的范围从残疾人拓展到老年人。2012年《无障碍环境建设条例》对无障碍建设提出了详细的要求。

2006年出台了《中国老龄事业发展"十一五"规划》，提出新建城市道路、公共建筑和养老场所要严格执行《城市道路和建筑物无障碍设计规范》，新建城市道路和养老场所无障碍率达到100%。对已建成并投入使用的与老年人生活、工作密切相关的城市道路、公共建筑等要增补无障碍设施，逐步提高公交设施无障碍的比例。2011年出台的《中国老龄事业发展"十二五"规划》进一步明确加快推进无障碍设施建设，研究制定《无障碍环境建设条例》。2013年出台的《关于进一步加强老年人优待工作的意见》从交通场所和站点、公共交通工具等方面对老年人无障碍交通出行做出了规定。

2006年出台的《中国残疾人事业"十一五"发展纲要》提出严格执行无障碍建设的相关法律、法规和设计规范，制定实施无障碍设施建设行业标准，加快行业无障碍建设。加大对已建无障碍设施的维护和管理力度，开展全国城市无障碍设施建设工作。2008年出台的《关于促进残疾人事业发展的意见》提出加快无障碍建设和改造。小城镇、农村地区逐步推行无障碍建设。交通运输、铁路及城市公共交通要加大无障碍建设和改造力度。完善残疾人驾驶机动车的有关规定和管理办法，公共停车区要优先设置残疾人专用停车泊位。2010年出台的《关于加快推进残疾人社会保障体系和服务体系建设指导意见的通知》提出交通运输、残联等部门制定完善铁路旅客车站、码头、城市交通设施、民用机场旅客航站区等行业无障碍标准并监督实施。公共交通逐步完善无障碍设备。2011年出台的《中国残疾人事业"十二五"发展纲要》提出推动公共服务行业、公共场所、公共交通工具建立语音提示、屏显字幕、视觉引导等系统。2015年出台的《关于加快推进残疾人小康进程的意见》提出全面推进城乡无障碍环境建设，逐步推进农村地区无障碍环境建设。

3.快速发展期（2016年至今）

2016年出台的《国家人口发展规划（2016—2030年）》提出建设无障碍的老年友好型社区和城市，营造良好社会氛围。加强残疾人友好环境建设，完善城乡无障碍设施，推动信息无障碍发布。2016年出台的《"十三五"加快残疾人小康进程规划纲要》提出全面推进无障碍环境建设。贯彻落实《无障碍环境建设条例》，完善无障碍环境建设政策和标准，加强无障碍通用产品和技术的研发应用。公共服务机构、公共场所和公共交通工具为残疾人提供语音和文字提示、手语、盲文等信息交流无障碍服务。2017年出台的《"十三五"国家老龄事业发展和养老体系建设规划》提出严格执行无障碍环境建设相关法律法规，完善涉老工程建设标准规范体系。

2018年出台的《关于进一步加强和改善老年人残疾人出行服务的实施意见》从加快无障碍交通基础设施建设和改造、提升出行服务品质、优化出行政策体系等方面提出了重点任务。

二、无障碍交通出行政策存在的问题

（一）从法律角度看，无障碍交通出行政策体系缺乏法律支撑

现行涉及残疾人、老年人的法律较多，但未涉及无障碍交通出行方面。在《中华人民共和国残疾人保障法》第七章无障碍环境中提出：国家和社会应当采取措施，逐步完善无障碍设施，推进信息交流无障碍，为残疾人平等参与社会生活创造无障碍环境。各级人民政府应当对无障碍环境建设进行统筹规划，综合协调，加强监督管理。无障碍设施的建设和改造，应当符合残疾人的实际需要。新建、改建和扩建建筑物、道路、交通设施等，应当符合国家有关无障碍设施工程建设标准。各级人民政府和有关部门应当按照国家无障碍设施工程建设规定，逐步推进已建成设施的改造，优先推进与残疾

日常工作、生活密切相关的公共服务设施的改造。对无障碍设施应当及时维修和保护。国家采取措施，为残疾人信息交流无障碍创造条件。各级人民政府和有关部门应当采取措施，为残疾人获取公共信息提供便利。国家和社会研制、开发适合残疾人使用的信息交流技术和产品。国家举办的各类升学考试、职业资格考试和任职考试，有盲人参加的，应当为盲人提供盲文试卷、电子试卷或者由专门的工作人员予以协助。公共服务机构和公共场所应当创造条件，为残疾人提供语音和文字提示、手语、盲文等信息交流服务，并提供优先服务和辅助性服务。公共交通工具应当逐步达到无障碍设施的要求。有条件的公共停车场应当为残疾人设置专用停车位。组织选举的部门应当为残疾人参加选举提供便利；有条件的，应当为盲人提供盲文选票。国家鼓励和扶持无障碍辅助设备、无障碍交通工具的研制和开发。盲人携带导盲犬出入公共场所，应当遵守国家有关规定。

《中华人民共和国老年人权益保障法》在第五章社会优待中提出：提倡与老年人日常生活密切相关的服务行业为老年人提供优先、优惠服务。城市公共交通、公路、铁路、水路和航空客运，应当为老年人提供优待和照顾。在第六章宜居环境中提出：国家采取措施，推进宜居环境建设，为老年人提供安全、便利和舒适的环境。各级人民政府在制定城乡规划时，应当根据人口老龄化发展趋势、老年人口分布和老年人的特点，统筹考虑适合老年人的公共基础设施、生活服务设施、医疗卫生设施和文化体育设施建设。国家制定和完善涉及老年人的工程建设标准体系，在规划、设计、施工、监理、验收、运行、维护、管理等环节加强相关标准的实施与监督。国家制定无障碍设施工程建设标准。新建、改建和扩建道路、公共交通设施、建筑物、居住区等，应当符合国家无障碍设施工程建设标准。各级人民政府和有关部门应当按照国家无障碍设施工程建设标准，优先推进与老年人日常生活密切相关的公共服务设施的改造。无障碍设施的所有人和管理人应当保障无障碍设施正常使用。国家推动老年宜居社区建设，引导、支持老年宜居住宅的开发，推动和扶持老年人家庭无障碍设施的改造，为老年人创造无障碍居住环境。

现行交通运输相关法律较多，主要有《中华人民共和国公路法》《中华人民共和国道路交通安全法》《中华人民共和国道路运输条例》《中华人民共和国道路交通安全法实施条例》《中华人民共和国公路管理条例》等，涉及残疾人的仅有《中华人民共和国道路交通安全法》，第五十八条残疾人机动轮椅车、电动自行车在非机动车道内行驶时，最高时速不得超过十五公里。

当前我国法律中涉及无障碍交通出行的，集中在新建、改建和扩建道路、公共交通设施、建筑物、居住区等无障碍设施工程建设标准。另外在城市公共交通、公路、铁路、水路和航空客运提出为老年人、残疾人提供优待和照顾。

（二）政策不够细化，可操作性不强

《国务院关于加快推进残疾人小康进程的意见》提出要全面推进城乡无障碍环境建设。按照无障碍设施工程建设相关标准和规范要求，对新建、改建设施的规划、设计、施工、验收严格监管，加快推进政府机关、学校、社区、社会福利、公共交通等公共场所和设施的无障碍改造，逐步推进农村地区无障碍环境建设。但具体如何引导推进工作开展却没有下文，财政政策与无障碍交通出行的挂钩机制不够细化。在新建建筑方面，目前由于立项环节对无障碍环境建设考虑不全面、不到位，规划、设计和施工的建设整体过程缺乏无障碍建设方面的评审、验收和评估环节，导致"适老化"无障碍环境建设资金整体投入不足、建设中有意或无意的漏建或降低建设标准、设施存在比较严重的质量问题等情况。由于缺乏系统考虑，安全疏散问题也经常被忽视，对重大安全灾害缺乏应对方案，安全隐患比较严重。

（三）无障碍交通出行政策落地效果不佳

从政策执行角度看，无障碍政策落地效果不佳。从目前新闻报道和监管部门的公开信息看，在已建成的无障碍设施中，普遍缺乏监管和维护，造成实际使用者无障碍家居、出行和参与公共生活的体验比较差，满足不了居民出得了门、下得了楼、办得了事的需求。众多已建成的养老社区、养老地产项目水平参差不齐，一些项目由于规划设计环节和建筑施工环节均缺乏"适老化"无障碍理念、技术的指导，缺乏监督机制，尚不能完全满足老年人居住生活的实际需求。当前，无障碍环境建设尚未被全社会了解和接纳，很多误区有待厘清。很多人仍然认为无障碍设施仅仅是给残疾人等少数人使用的特殊设施，认为无障碍环境建设影响环境的使用效率。部分管理部门对无障碍建设的管理责任不明确，支持力度不够；部分业主、建设单位对无障

环境建设和改造的意愿不足；部分设计单位执行无障碍技术标准的效果仍有待提升；社会大众对于已建成的无障碍设施保护意识比较欠缺，维护不到位，占用盲道、破坏无障碍设施的情况时有发生，影响了无障碍设施的正常使用。

第二节　我国无障碍交通出行的发展现状

一、交通运输的发展历程与现状

中华人民共和国成立以来，特别是改革开放以来，一代又一代交通人艰苦奋斗、砥砺前行，实现了我国交通运输从无到有、从小到大、从大向强的历史性转变，实现了交通运输与经济社会发展从整体滞后到瓶颈制约、再从初步缓解到基本适应的历史性跨越，建成了名副其实的交通大国，正昂首阔步跨向交通强国。

（一）发展历程

中华人民共和国成立之初，我国交通运输面貌十分落后。全国铁路总里程仅2.18万公里，有一半处于瘫痪状态，能通车的公路仅8.08万公里，民用汽车5.1万辆，内河航道处于自然状态，民航航线只有12条，邮政服务网点较少，主要运输工具还是畜力车和木帆船等。

中华人民共和国成立后，中国政府明确提出首先要创造一些基本条件恢复交通运输。经过3年的国民经济恢复期，修复了被破坏的交通运输设施设备，恢复了水陆空运输。1953年起，开始有计划地进行交通运输建设。在第一个、第二个五年计划和国民经济调整期间（1953—1965年），国家投资向交通运输倾斜，改造和新建了一批铁路、公路、港口码头、民用机场，提高了西部和边远地区的交通运输基础设施覆盖程度，疏浚了主要航道，新开辟了国际、国内水路和空中航线，扩大了邮政网络，增加了运输装备数量。"文化大革命"期间（1966—1976年），交通运输发展一度受到严重干扰，但设施和装备规模、运输线路仍在增加，特别是针对沿海主要港口压船、压港、压货日趋严重的局面，加快了港口基础设施建设。在此期间，管道运输也得到了发展。

1978年，改革开放揭开了中国经济社会发展的新篇章，交通运输步入了快速发展阶段。中国政府把交通运输放在优先发展的位置，加大政策扶持力度，在放开交通运输市场、建立社会化融资机制方面进行开创性探索，积极扭转交通运输不适应经济社会发展的被动局面。铁路实行经济承包责任制；出台了提高养路费征收标准、开征车辆购置附加费以及"贷款修路、收费还贷"等扶持公路发展的三项政策；公路、水运工程建设项目开始实行招投标制度；港口率先对外开放，海运业最早实现"走出去"；民航走上了企业化发展道路，航空运输市场开始形成；实施邮政管理体制改革，成立中国速递服务公司，恢复办理邮政储蓄业务；加大交通运输建设投资力度，吸引社会资本参与基础设施建设。1988年沪嘉高速公路通车，实现中国大陆高速公路零的突破。

1992年，中国确立了建立社会主义市场经济体制的改革目标。交通运输不断加大改革开放力度，各种运输方式发展取得突破性进展。开展铁路建设大会战，1997年起铁路进行了连续六次大提速。公路和水运实施公路主骨架、水运主通道、港站主枢纽和支持保障系统的"三主一支持"规划，制定了加快建设步伐的目标任务。民航机场建设费和基础设施建设基金、铁路建设基金、内河航运建设基金先后设立。为应对东南亚金融危机，中国实施积极的财政政策，公路建设投资进入"快车道"，高速公路建设大规模兴起。实施西部大开发战略，全面加强西部地区铁路、公路、机场、天然气管道干线建设。提出"修好农村路，服务城镇化，让农民兄弟走上油路和水泥路"发展目标，掀起农村公路建设新高潮。深化港口管理体制改革，加快港口建设。实行邮电分营和邮政政企分开，邮政向信息流、资金流和物流"三流合一"的现代邮政业方向发展。《中长期铁路网规划》《国家高速公路网规划》等一系列规划陆续出台。大力提升交通运输基本公共服务水平，全面加强城乡客运、城市公共交通、交通运输安全应急救助等领域建设。2008年组建交通运输部，交通运输大部门体制改革迈出实质性步伐。同年，京津城际铁路通车运营，中国开启了"高铁时代"。

党的十八大以来，交通运输进入了加快现代综合交通运输体系建设的新阶段。2013年，铁路实现政企分开，交通运输大部门体制改革基本落实到位。交通运输全面深化改革，建设法治政府部门，加快综合交通、智慧交通、绿色交通、平安交通"四个交通"建设，围绕"一带一路"建设、京津冀协同发展、长江经济带建设三大国家战略制定发展规划。加快综合交通运输基础设施成网，推进多种运输方式有效衔接。促进现代物流业发展，提升综合运输服务保障水平。加强交通运输基本公共服务供给和管理，支持集中连片特困地区交通运输基础设施、城乡客运、城市公共交通发展。推进东、中、西、东北"四大板块"区域交通协调发展，西部地区高铁加快发展，中西部地区交通条件显著改善。2013年，西藏墨脱公路建成通车，中国真正实现县县通公路。中国交通运输与世界一流水平的差距快速缩小，部分领域已经实现超越，一个走向现代化的综合交通运输体系正展现在世界面前。

（二）发展现状

新中国成立70余年来，我国交通运输发展取得了举世瞩目的成就，实现了一个又一个的"不可能"，即将迎来由交通大国向交通强国的历史性跨越。公路成网、铁路密布、高铁飞驰、巨轮远航、飞机翱翔，天堑变通途的梦想已成为现实。我国高速公路里程、高速铁路里程、城市轨道交通里程以及铁路、公路、水运、民航客货周转量等多项指标已跃居世界第一或世界前列。青藏铁路、港珠澳大桥、北京大兴国际机场等超级工程举世瞩目，中国路、中国桥、中国港、中国高铁成为全球亮丽的"中国名片"。以高速列车、大功率机车、大型客机为代表的一批具有自主知识产权的高性能铁路和飞机装备技术达到世界先进水平，部分达到世界领先水平。交通运输结构不断优化，服务水平不断提升，人民群众出行由"走得了"向"走得好"升级发展。

交通运输基础设施网络不断完善。截至2020年底，全国铁路营业里程达14.6万公里；其中高速铁路营业里程3.8万公里，位居世界第一。以高速铁路为骨架、以城际铁路为补充的快速客运网络初步建成。广覆盖的公路网建立起来，全国公路总里程达519.81万公里；其中高速公路里程达16.10万公里，位居世界第一。初步形成干支衔接的水运网，全国港口拥有万吨级及以上泊位2592个，初步建成了以"两横一纵两网十八线"为主体的内河航道体系。民用机场体系基本成型，全国民用航空机场达241个，初步形成了以北京、上海、广州等国际枢纽机场为中心，省会城市和重点城市区域枢纽机场为骨干，以及其他干、支线机场相互配合的格局。

交通运输服务能力位居世界前列，运输服务质量全面提升。2020年，全社会完成客运量96.65亿人、旅客周转量19251.43亿人公里。交通运输安全水平大幅改善，铁路旅客运输总体安全水平居世界前列，民航运输航空百万小时重大事故率10年滚动值为0.018（世界平均水平为0.24）。运输服务通达性显著增强，高速铁路覆盖百万人口以上城市比例达65%，民航定期航班航线达3000余条，通达境内两百多个城市，香港、澳门、台湾地区以及全球数十个国家（地区）。运输工具技术水平不断提高，铁路主要干线全部实现内燃、电力机车牵引，营运客车高档化、舒适化程度不断提高。铁路建成了客运联网售票系统，高速公路电子不停车收费系统（ETC）基本实现了全国联网。

综合交通运输改革不断深化，多节点、全覆盖的综合交通运输网络初步形成。"五纵五横"综合运输大通道基本贯通，一大批综合客运枢纽和物流园区投入运营，运输装备发展不断升级，运输服务水平显著提升，科技创新和应用实现重大突破，交通运输市场体系、管理体制和法规体系不断完善。在政策的积极推动下，涌现出北京大兴国际机场、上海虹桥、广州南站、武汉天河机场等一批综合交通枢纽，实现高铁、城市客运、轨道交通、民航等交通方式无缝对接，"零距离"换乘、"门到门"运输正在"飞入寻常百姓家"，居民出行更加高效便捷。

城市居民出行条件不断改善，"公交优先"战略扎实推进。全国城市公共汽电车数量由改革开放之初的2.58万辆增长到2020年的70.44万辆，运营线路达70643条，上海、深圳、武汉等地公交站点500米覆盖率均达到100%。保障公交路权优先，全国公交专用道长度达到16551.6公里。快速通勤系统（BRT）发挥重要作用，北京、上海、广州等35个城市开通了BRT，BRT运营车辆数9891辆，BRT线路总长度6682.2公里。各城市以乘客体验为先导，城市公共交通基本出行服务品质更优，定制公交、夜间公交等特色公共交通服务产品的新模式不断丰富。自1969年北京市开通全国第一条城市轨道交通线路以来，截至2020年底，全国共有43个城市总计开通226条轨道交通运营线路，运营里程7354.7公里，位居世界第一。在互联网、大数据、物联网、自动驾驶、人工智能等创新推动下,城市客运智能化、电动化、共享化趋势明显,网络预约出租汽车、互联网租赁自行车、汽车分时租赁等新业态稳步健康发展,实时交通运行状态查询、出行路线规划、线(网)上购票、智能停车等"一站式"服务使居民出行更加便捷。

图 2-2-1　2004—2020 年我国公共汽电车客运量和运营数情况
数据来源:根据国家统计局相关数据和《中国城市客运发展报告(2020)》整理

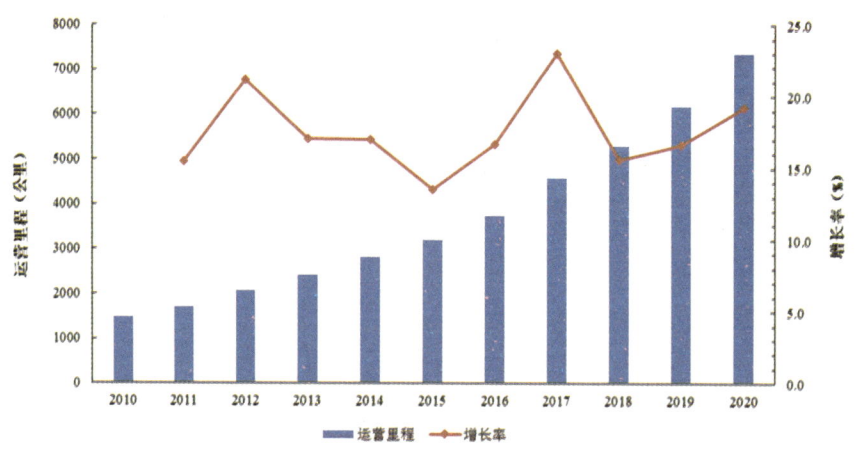

图 2-2-2　2010—2020 年我国城市轨道交通运营里程变化情况
数据来源:《中国城市客运发展报告(2020)》

交通运输服务的发展畅通了经济社会发展的"血脉"。交通运输基础设施投资是经济稳定增长的助推器,交通运输网络的完善和服务水平的提高,推动了经济运行效率提升，降低了物流成本，带动了汽车、船舶、冶金、物流、电商、旅游、房地产等相关产业发展，创造了大量就业岗位。交通运输也促进了区域和城乡协调发展，我国将推进交通运输先行发展作为支撑"四大板块""三大战略"等国家区域发展总体战略的重点任务，积极打通发达地区、中等发达地区、欠发达地区之间的联系通道。城际公路客运普及和城际轨道加快建设促进了城市群一体化发展，城乡交通一体化让城乡经济融合更紧密。

党的十九大作出了建设交通强国的重大决策部署，提出从2021年到本世纪中叶，分两个阶段推进交通强国建设。到2035年，我国将基本建成交通强国，现代化综合交通体系基本形成，使我国交通基础设施、运输服务、技术装备、行业治理、国际影响力达到世界一流水平，无障碍出行服务体系基本完善。到本世纪中叶，全面建成人民满意、保障有力、世界前列的交通强国，全面服务和保障社会主义现代化强国建设，人民享有美好交通服务。

二、无障碍交通出行的制度保障

近年来，从国家、交通运输部到地方，都已出台一系列法律法规、政策规划、标准规范，为无障碍交通出行提供坚实的法规依据和政策保障。

（一）顶层制度设计

1. 法规政策

在国家立法层面，《中华人民共和国残疾人保障法》和《中华人民共和国老年人权益保障法》作为我国老年人和残疾人福利保障领域最基本的法律，对建设无障碍设施做出了明确规定。2012年实施的《无障碍环境建设条例》对无障碍设施建设、无障碍信息交流和无障碍社区服务作了规定。在国家政策层面，出台了《中共中央国务院关于促进残疾人事业发展的意见》《国务院关于加快推进残疾人小康进程的意见》《国务院办公厅关于制定和实施老年人照顾服务项目的意见》等相关政策文件。在国家规划层面，出台了《"十三五"加快残疾人小康进程规划纲要的通知》《"十三五"国家老龄事业发展和养老体系建设规划》等相关规划文件。

下面对国家层面与无障碍交通出行相关的法律法规、政策文件和发展规划进行梳理，并对文件中的重点内容加以阐述（表2-2-1）。

表 2-2-1　国家层面无障碍交通出行相关法规和政策文件

分类	发布时间	文件名称	重点内容
法律法规	2008	《中华人民共和国残疾人保障法》	第七章对无障碍环境建设做出明确规定。
	2012	《无障碍环境建设条例》	对无障碍设施建设、无障碍信息交流和无障碍社区服务作了规定。
	2015	《中华人民共和国老年人权益保障法》	在第六章"宜居环境"中提出，新建、改建和扩建道路、公共交通设施等，应当符合国家无障碍设施工程建设标准，优先推进与老年人日常生活密切相关的公共服务设施的改造。
政策文件	2008	《中共中央国务院关于促进残疾人事业发展的意见》（中发〔2008〕7号）	对加快无障碍环境建设和改造问题，提出了明确建设目标、任务和要求。
	2015	《国务院关于加快推进残疾人小康进程的意见》（国发〔2015〕7号）	将无障碍环境建设列为兜底补短的重要措施和完善基本公共服务体系的重要内容。
	2016	《无障碍环境建设"十三五"实施方案》	推进"十三五"期间无障碍环境建设工作，以解决残疾人、老年人无障碍日常出行、获取信息为重点，全面提升城乡无障碍环境建设水平。
	2017	《国务院办公厅关于制定和实施老年人照顾服务项目的意见》（国办发〔2017〕52号）	明确要求支持城市公共交通为老年人提供优惠和便利，鼓励公路、铁路、民航等公共交通工具为老年人提供便利服务。
	2019	《交通强国建设纲要》	明确"到2035年，无障碍出行服务体系基本完善"，并提出完善无障碍基础设施的重点任务。
	2020	《国务院办公厅印发关于切实解决老年人运用智能技术困难实施方案的通知》（国办发〔2020〕45号）	明确要求在优化老年人打车出行服务、便利老年人乘坐公共交通和提高客运场站人工服务质量三个方面，便利老年人日常交通出行。
发展规划	2016	《"十三五"加快残疾人小康进程规划纲要的通知》（国发〔2016〕47号）	对全面推进城乡无障碍环境建设作出部署。
	2017	《"十三五"国家老龄事业发展和养老体系建设规划》（国发〔2017〕13号）	对公共交通工具、交流信息、获得社区服务密切相关的公共设施的无障碍设计与改造做出部署。
	2021	《国家综合立体交通网规划纲要》	要求加强交通运输人文建设。完善交通基础设施、运输装备功能配置和运输服务标准规范体系，满足不同群体出行多样化、个性化要求。加强无障碍设施建设，完善无障碍装备设备，提高特殊人群出行便利程度和服务水平。健全老年人交通运输服务体系，满足老龄化社会交通需求。

交通运输部及国家铁路局、中国民用航空局等交通运输行业主管部门，高度重视交通运输无障碍出行服务工作。2018年1月，由交通运输部等七部门联合发布的《关于进一步加强和改善老年人残疾人出行服务的实施意见》明确了我国未来到2035年推进交通运输无障碍出行服务的行动纲领，指导各级交通运输主管部门全力打造无障碍出行环境。

对行业层面也有一些与无障碍出行相关的部门规章和政策文件，以下进行梳理，并对文件中的重点内容加以阐述（表2-2-2）。

表2-2-2 行业层面无障碍出行相关部门规章和政策文件

分类	发布时间	文件名称	重点内容
综合交通	2018	《关于进一步加强和改善老年人残疾人出行服务的实施意见》（交运发〔2018〕8号）	明确了我国未来到2035年推进交通运输无障碍出行服务的行动纲领。
	2019	《交通强国建设纲要》	明确"到2035年，无障碍出行服务体系基本完善"，并提出完善无障碍基础设施的重点任务。
	2021	《国家综合立体交通网规划纲要》	要求加强交通运输人文建设。完善交通基础设施、运输装备功能配置和运输服务标准规范体系，满足不同群体出行多样化、个性化要求。加强无障碍设施建设，完善无障碍装备设备，提高特殊人群出行便利程度和服务水平。健全老年人交通运输服务体系，满足老龄化社会交通需求。
	2021	《交通运输部等七部门关于切实解决老年人运用智能技术困难 便利老年人日常交通出行的通知》（交运发〔2020〕131号）	从改进交通运输领域"健康码"查验服务、便利老年人乘坐公共交通、优化老年人打车出行服务和提高客运场站人工服务质量四个方面，提出进一步完善交通运输领域便利老年人出行服务的政策措施，确保老年人日常交通出行便利。
铁路	2015	《视力残疾旅客携带导盲犬进站乘车若干规定（试行）》（铁总办运〔2015〕60号）	针对视力残疾旅客携带导盲犬进站乘车作出详细规定，方便视力残疾旅客乘坐火车出行。
公路	2014	《关于进一步提升高速公路服务区服务质量的意见》（交公路发〔2014〕198号）	要求各地在服务区建设和改造过程中，完善母婴喂养室、残疾人专用通道等人性化服务设施。
	2018	《2018年全国公路服务区工作要点》（交办公路函〔2018〕593号）	要求加强第三卫生间、残疾人卫生间建设改造。加强老年人残疾人出行服务，加强残疾人通道等无障碍服务设施建设和改造，实现全覆盖；设置老年人、残疾人等服务标志，提供服务车、轮椅等便民辅助设备。

续表

分类	发布时间	文件名称	重点内容
民航	2014	《残疾人航空运输管理办法》（民航发〔2014〕105号）	在购票、乘机、空中服务、轮椅使用、助残设备存放、服务犬运输、信息告知等方面，对残疾人航空运输服务做出了系统规定。
民航	2016	《关于进一步做好特殊航空运输服务工作的通知》（局发明电〔2016〕450号）	从修订、完善业务手册，加强人员培训，配备无障碍设施、设备以及保障助残设备托运等四个方面对航空公司、机场等进行部署，切实保障残疾人航空运输出行需求。
城市客运	2013	《关于贯彻落实〈国务院关于城市优先发展公共交通的指导意见〉的实施意见》（交运发〔2013〕368号）	指导各地为残疾人、老年人提供城市公共交通票价优惠；对执行老年人、残疾人、学生等优惠乘车的城市公共交通企业，建议城市公共财政给予足额补偿。
城市客运	2017	《城市公共汽车和电车客运管理规定》（交通运输部令2017年第5号）	要求从事城市公共汽电车客运的驾驶员、乘务员为老、幼、病、残、孕乘客提供必要的帮助；投入运营的车辆应在规定位置设置特需乘客专用座位。

2. 标准规范

目前，无障碍出行相关标准规范包括基础设施建设、技术装备和运营服务三类标准规范。

（1）基础设施建设标准规范

交通运输无障碍环境建设总体依照《无障碍设计规范》（GB50763-2012）中的规定，针对各领域无障碍环境建设明确了具体标准条款。对目前我国无障碍出行基础设施建设相关标准规范进行梳理，主要包括交通运输基础设施的无障碍设计要求、交通运输场站和运输装备的无障碍设施设备配置要求等内容（表2-2-3）。

表2-2-3 我国无障碍出行基础设施和运输装备相关标准规范

分类	标准规范名称	重点内容
铁路	《铁路旅客车站无障碍设计规范》（TB 10083-2005）	明确新建、改建铁路旅客车站的无障碍设计标准规范。在铁路售票服务、候车换乘、无障碍厕所设置等各建设环节充分体现无障碍理念，规定了无障碍售票窗口、无障碍出入口、站房通道宽度、无障碍电梯、自动扶梯或轮椅升降平台、无障碍厕所、防滑材料建设的站台、提示盲道及残疾人车厢、座椅与卧铺等设施的建设要求。

续表

分类	标准规范名称	重点内容
铁路	《铁道客车及动车组无障碍设施通用技术条件》（GB/T 37333-2019）	对铁路无障碍车辆出入口、车门、通道、地面、行动障碍者座椅、卧铺、轮椅席位、无障碍卫生间、洗面室、扶手、盲文、声、光、滚动文字等提示信息、呼叫装置、无障碍标识等作了详细规定。
公路	《汽车客运站级别划分和建设要求》（JT/T 200-2004）	要求三级以上汽车客运站必须配备供老、弱、病、残、孕等旅客使用的重点旅客候车室、无障碍通道及残疾人服务设施。
公路	《高速公路交通工程及沿线设施设计通用规范》（JTG D80-2006）	明确残疾人卫生间、无障碍通道、残疾人专用车位、残疾人专用餐位等具体设施的设计要求。
水运	《内河船舶法定检验技术规则》（海法规〔2011〕391号）	明确普通客船和客渡船应设置轮椅停放专用区域，应设置适当扶手或栏杆以供轮椅使用人在航行途中扶持。
水运	《海港总体设计》（JTS 165-2013）、《游艇码头设计规范》（JTS 165-7-2014）、《邮轮码头设计规范》（JTS 170-2015）	对客运码头的无障碍通道及设施建设提出了具体设计规范要求。
民航	《民用机场旅客航站区无障碍设施设备配置》（MH/T 5107-2009）	规定了旅客航站区站前广场、旅客航站楼、登机桥及站坪设置、无障碍标志等无障碍设备配置要求。
城市客运	《地铁车辆通用技术条件》（GB/T 7928-2003）	规定每列车中至少应设置一处轮椅专用位置并应有乘轮椅者适用的抓握或固定装置。
城市客运	《地铁设计规范》（GB 50157-2013）	设置了强制性条款"地铁工程应设置无障碍成型和使用设施"，规定了地铁车站的无障碍设施要求。
城市客运	《城市轨道交通试运营基本条件》（GB/T 30013-2013）	规定了车站内、列车内的安全标识、引导标识、无障碍设施等应设置齐全，功能完好。
城市客运	《城市公用交通设施无障碍设计指南》（GB/T 33660-2017）	规定了城市公用交通设施包括交通标志、交通信号灯、人行横道、人行天桥、停车场及候车亭的无障碍设计原则。
城市客运	《无障碍低地板、低入口城市客车技术要求》（CJ 207-2005）	规定了无障碍低地板、低入口城市客车的术语、定义、要求及试验方法。
城市客运	《公共汽车类型划分及等级评定》（JT/T 888-2020）	规定了所有类型的公共汽车均应安装优先座椅，大型、特大型公共汽车应具备残疾人轮椅通道或轮椅固定装置，中型、大型、特大型公共汽车应具备车内动态电子显示器和电子报站器，并对一级踏步高度做出了规定，以方便残疾人上下车。

（2）技术装备标准规范

无障碍技术装备是改善老年人、残疾人等特殊人群出行困境的重要环节。技术装备无障碍标准主要包括公路及城市公共交通无障碍装备标准、铁路运输无障碍装备标准、航空运输无障碍装备标准、客运船舶无障碍装备标准等。目前我国已出台了《无障碍低地板、低入口城市客车技术要求》《铁道客车及动车组无障碍设施通用技术条件》等标准（表2-2-4），但无障碍技术装备普及率不高，运输装备更新和升级改造受制于现有设施条件和停靠环境。

表2-2-4 技术装备无障碍标准及相关内容

	标准名称	标准号	相关内容
1	无障碍低地板、低入口城市客车技术要求	CJ 207-2005	规定了无障碍低地板、低入口城市客车的要求。
2	地铁车辆通用技术条件	GB/T 7928-2003	规定每列车中至少应设置一处轮椅专用位置并应有乘轮椅者适用的抓握或固定装置。
3	铁道客车及动车组无障碍设施通用技术条件	GB/T 37333-2019	规定了铁路客车及动车组的轮椅坐席、无障碍卫生间、行动障碍者座椅、行动障碍者卧铺、扶手、呼叫装置等无障碍设施的技术要求。
4	公共汽车类型划分及等级评定	JT/T 888-2014	规定了所有类型的公共汽车均应安装优先座椅，大型、特大型公共汽车应具备残疾人轮椅通道或轮椅固定装置，并对低地板后桥和一级踏步做出了规定，以方便残疾人上下车。

（3）运输服务标准规范

近年来我国重点加强了交通运营管理与服务标准的完善，积极提升无障碍运输服务质量。对目前铁路、城市客运和综合枢纽涉及无障碍出行的运输服务标准规范进行梳理，主要明确了确保无障碍设施设备完好，配置醒目标志标识，为残疾人、老年人等特殊重点旅客提供便利的出行服务等内容（表2-2-5）。

表2-2-5 我国无障碍出行服务相关标准规范

分类	标准规范名称	重点内容
铁路	《铁路旅客运输服务质量 第1部分：总则》（GB/T 25341.1-2019）	明确"重点旅客"定义为老、幼、病、残、孕旅客。铁路运输企业应及时响应旅客服务需求，为重点旅客提供相应帮扶。

续表

分类	标准规范名称	重点内容
铁路	《铁路旅客运输服务质量 第2部分:服务过程》（GB/T 25341.2-2019）	规定候车区（厅、室）应设置无障碍厕所或厕位，省会城市主要车站应设置独立母婴室或母婴候车区；进站、出站检票口应满足安全疏散及无障碍通行要求。
	《铁路旅客运输服务质量规范》（铁总运〔2014〕178号）	明确重点旅客服务要求，对无障碍设施处所明确了标识样式、设备设施状态标准等要求，确保重点旅客的使用。
	《特殊重点旅客服务规范》	规定对行动不便、使用无障碍设施也不能自由进出站的老人、病人和靠辅助器具才能行动的残疾人等特殊重点旅客，全国铁路各车站、列车均实行重点服务，建立电话预约和站车交接制度，实现购票、候车、进站、乘车等各环节的"一条龙"服务。
公路	《汽车客运站服务星级划分及评定》（制订中）	明确将公共系统无障碍要求作为站级评定和服务星级评定的评分项，并细化指标项。
城市客运	《城市轨道交通客运服务》（GB/T 22486-2008）	规定应为残障等特殊乘客提供相应的服务，无障碍服务设施应保证正常使用，列车上的残障等特殊乘客优先座椅应有明显标识。
	《城市轨道交通运营管理规范》（GB/T 30012-2013）	规定运营单位应确保车站无障碍设施设备完好，并配置醒目、明确、规范的标志标识。客运组织服务范围应包括提供无障碍乘车服务等。
	《城市公共汽电车客运服务规范》（GB/T 22484-2016）	对公交车站台、站牌、运营车辆等无障碍基础设施建设提出标准规范，并要求为车厢内的老年人、残疾人提供无障碍服务。
	《出租汽车运营服务规范》（GB/T 22485-2013）	明确了配备专用装置，能够满足行动不便乘客出行服务需求的出租汽车的要求，并鼓励出租汽车经营者使用无障碍车辆；要求其升降机、厢门搭扣等专用装置功能正常，轮椅、拐杖放置空间充足，固定牢靠无松动；运营中要主动协助老、幼、病、残、孕等乘客上下车。
综合交通	《综合客运枢纽服务规范》（JT/T 1113-2017）	规定综合客运枢纽应设置无障碍车位，应对特殊旅客提供必要的协助服务，包括为老幼病残孕等特殊旅客设置爱心通道，按规定设置无障碍通道，提供轮椅等服务，二级及二级以上枢纽宜提供聋哑人士服务、紧急医疗救助服务等。

（二）地方管理政策

目前，我国大多数省市已按照国家相关法规政策要求，出台了本地无障碍环境建设的地方性法规，其中在无障碍出行方面也做出了明确规定。此外，各地还通过制定配套规划、管理办法、实施方案等，进一步完善无障碍出行法规政策体系。

例如，北京市于 2004 年出台了《北京市无障碍设施建设和管理条例》，成为国内首部无障碍地方法规。"十二五"期间，北京市交通委会同市残联共同编制了《无障碍出租车专用技术要求》和《无障碍出租车驾驶员培训手册》；2016 年市交通委组织三家运营企业制定了《无障碍出租车运营服务标准（试行）》，并取得良好成效。2019 年，北京市发布《北京市进一步促进无障碍环境建设 2019—2021 年行动方案》，提出城市道路、公共交通、公共服务场所和信息交流无障碍等四方面任务目标。

上海市于 2003 年出台了《无障碍设施建设和使用管理办法》，对无障碍设施做出明确规定：为保障残疾人、老年人等群体的安全通行和使用便利，在建设项目中配套建设的服务设施。2016 年发布的《上海市残疾人事业"十三五"发展规划》提出，着力建设无障碍城市，大力改善残疾人出行环境，推动公共交通和信息交流无障碍；室外公共场所无障碍设施纳入城市网格化管理，提高无障碍设施的使用率和完好率。2021 年，上海市重新修订发布了《无障碍环境建设与管理办法》，为上海市创造更高水平的无障碍环境。

此外，河北省于 2014 年颁布了《河北省无障碍环境建设管理办法》，就无障碍设施建设、无障碍信息交流、无障碍社区服务等方面做出了详细规定。广东省于 2016 年修订通过《广东省无障碍环境建设管理规定》（粤府令第 229 号），对交通运输无障碍环境建设提出了一系列要求，包括城市公共汽车、轨道交通车辆和出租车运营单位应当配置一定比例的供轮椅乘客使用的无障碍车辆；公共汽车和轨道交通车辆应当逐步安装字幕、语音报站装置和供视力障碍者识别的车辆导盲系统等。江苏、湖北等省要求从省级层面制定无障碍规划文件，在省内推广无障碍环境建设。

三、无障碍交通出行的发展实践

（一）加强无障碍出行基础设施建设

1. 场站无障碍规划设计

各地在交通运输基础设施规划、设计和建设过程中，加强对无障碍设施规划建设的审查和指导，深化无障碍设施的规划设计理念。

例如，铁路客运方面，2006 年以来投入运营的近千个铁路客运车站（含高铁车站）和两千余组动车组及新造的铁路客车已全部采用无障碍标准设计。城市客运方面，北京市在四惠、宋家庄等公共交通枢纽的前期设计过程和建设运营过程中均严格执行全建筑无障碍设计，在枢纽场区路面设置缘石坡道、盲道，枢纽建筑设置无障碍出入口、轮椅坡道、无障碍通道、无障碍楼电梯、无障碍卫生间、无障碍机动车位、低位服务设施和无障碍标识系统等。上海市在2017年新开通的71路车站施工过程中，采用了高地坪的车站设计，保证车站地坪和车辆地坪在同一水平面上，便于行动不便者上下车。深圳地铁在多期规划设计时，充分采纳了市残联和身心障碍者代表人士的意见，追加数亿元增设了盲道、轮椅坡道、无障碍公厕、无障碍垂直电梯、无障碍专用通道、电子显示屏、身心障碍者导向标识等各种无障碍设施，并在地铁车厢内设有语言报站系统和图文显示系统，每节车厢里也专门设置了轮椅位，方便身心障碍者搭乘地铁（图2-2-3）。

图2-2-3　深圳北站地铁无障碍出入口、无障碍电梯

2. 无障碍设施建设改造

很多省市对新建交通运输基础设施，加大无障碍设施配套建设力度，做到无障碍设施工程与主体工程同步设计、同步施工、同步验收投入使用。对无障碍设施不满足要求的原有基础设施加快改造，完善无障碍通道和各类服务设施建设。

例如，公路客运方面，主要体现在完善汽车客运站和高速公路服务区内的无障碍环境建设，按照《汽车客运站级别划分和建设要求》《交通客运站建筑设计规范》等标准规范的要求，为客运站配置无障碍通道和残疾人服务设施，把客运站无障碍设施的配置完成情况作为客运站站级验收的必备条件之一。水运方面，主要体现在加强渡口、客运码头和客运船舶的无障碍环境建设。例如，河北省开展港区码头无障碍设施建设，秦皇岛港客运码头在候车大厅设置无障碍通道，通道两侧安装不锈钢扶手，另备有残疾人专用车辆，方便老年人、残疾人乘船。城市客运方面，主要体现在改善残疾人、老年人等困难群体的乘车候车环境。例如，北京市在有条件的公交枢纽、快速公交站和部分公交首末站站台开辟"绿色通道"，优先老年人、残疾人等乘车。成都市在青白江综合客运枢纽中设置重点旅客候车区，供老年人等特殊群体休息，并专门为重点旅客乘客提供"绿色通道"。上海市目前新建、扩建、改建的轨道交通站点等公共建筑无障碍设施建设率已达到100%。

3. 运输装备升级改造

目前一些大城市和特大城市在城市客运领域积极推广应用无障碍化城市公交和出租车辆，加强运输装备升级改造，取得了良好效果。

例如，北京公交在车辆配置方面明确了无障碍公共汽电车的更新原则与技术标准，在公交车辆更新工作中，逐步增加无障碍公交车比例。截至2021年4月底，北京公交集团公司实际运营公共汽电车共计2.38万辆，其中带无障碍坡板公交车1.23万辆（占城区公交车的78.12%，占公交车总规模的51.54%）。目前，北京全市城市线路公交车均已实现了低地板化。上海市于2013年起将公交车辆更新为使用移动踏板和一级踏步的"三开门"无障碍公交车。2020年，上海市新增两千余辆具备侧倾、翻板摆渡功能的低地板无障碍公交车（图2-2-4），到2020年底，上海市无障碍公交车总数超过4000辆，占全市公交车辆总数的1/4。杭州市于2002年起引进带有无障碍设施的公交车，目前全市无障碍公交车达到3000余辆，2020年还推出了"582我帮您"公交助行专线，成为杭州首条无障碍公交线路。此外，深圳拟投放100辆纯电动无障碍出租车，同时对无障碍巡游车经营企业按500元/月/车的标准给予无障碍运营服务补贴。

此外，很多网约车平台企业也积极推广应用无障碍车型。首汽约车自2015年开始推出无障碍车（商务福祉车）以来，目前已有近千辆无障碍车。该车以上汽大通G10等MPV车型为主，车尾配备了自动升降及翻折斜坡装置，方便使用轮椅的乘客直接乘坐轮椅上下车，无须折叠。滴滴出行与联合

图 2-2-4　上海纯电动无障碍公交车的无障碍标识和可折叠踏板

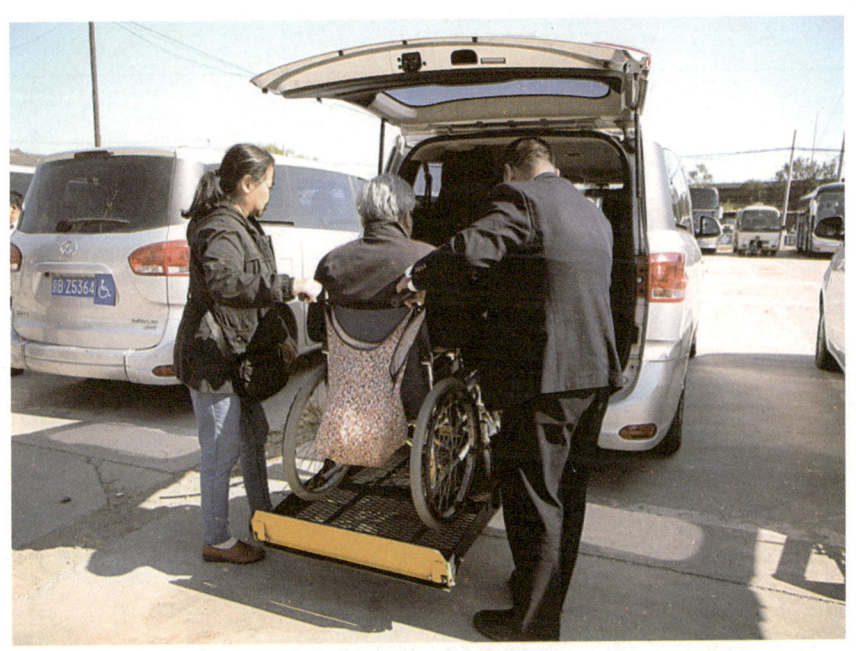

图 2-2-5　首汽约车无障碍车

国计划开发署共同发起"联合国无障碍出行项目",推出了"无障碍专车"服务,并在北京、上海等城市推广使用(图 2-2-5)。

表 2-2-6　国内无障碍出租车主要生产厂商、车型和应用情况

序号	生产厂商	车型	主要应用
1	吉利集团、上海华普与英国锰铜集团成立合资公司——英伦帝华	英伦 TX4	北京、上海、杭州、深圳、济南等出租车企业
2	同上	英伦 TX5	伦敦，国内暂未投入运营
3	江铃福特	全顺	北京
4	华晨	金杯	北京
5	上海大众	桑塔纳	北京
6	东风日产	NV200 WAV（轮椅用车辆），NV200 SUS（侧滑升降式座椅）	上海、广州、郑州
7	上汽大通	G10 等 MPV 车型	首汽约车
8	广汽本田	奥德赛福祉版	—

（二）提升无障碍出行服务品质

1. 规范无障碍出行服务

各地通过编制服务规范手册、加强人员培训、打造服务品牌等手段，大力提升无障碍出行规范服务水平。例如，石家庄正定机场制定《特殊旅客服务保障方案》，专门针对老、弱、病、残、孕等特殊旅客提供服务保障。青岛流亭机场制定《特殊旅客航空运输保障手册》，明确了职责分工、服务规范、处置程序等内容，提高对特殊旅客的服务保障能力。在人员培训方面，北京市将手语操作为 2016 年第四届北京职业技能大赛实操考试的一项内容，促使公交乘务人员掌握手语基本会话，为聋哑乘客乘车出行提供细致周到的服务。为了更好地服务视障群体，北京公交集团坚持以乘客为中心，用"多停几秒钟，多报一次站"来为视障朋友乘车增添保障，最大限度避免盲人出现上下车摔倒、乘车过站等情况。在打造服务品牌方面，广西对特殊旅客按照"四优先"要求安排乘车，即进站优先、购票优先、候车优先、上车优先。宁波市公交总公司设立"红蚂蚁"敬老服务队，打造"尊老爱老线"，

推行让座"爱心卡",并组织老年人接受乘车安全知识培训。"青岛巴士——我等您"志愿服务团队已成立12年,持续为残疾人士提供爱心志愿服务,并向表现突出的驾驶员授予"助残党员示范岗"荣誉称号,让扶残助残活动常态化。

2. 无障碍出行宣传引导

各地积极加强城市公共无障碍出行环境建设和无障碍出行宣传引导,支持城市公共交通为残疾人、老年人等弱势群体提供优惠和便利。例如,2017年全国"公交出行宣传周"主题之一即"关爱残疾人无障碍出行",提出"加强无障碍公共交通站台设施、站牌设施建设,鼓励和支持城市公共交通企业加强无障碍车辆投放和车载设备升级,出台和宣传残疾人乘车优先、优惠政策,强化司乘人员服务意识和水平,为社会公众提供更好的'无障碍'出行方式。"北京市在公交车辆电脑报站机中加入了提示乘客协助照顾车厢内"老幼病残孕"的宣传用语,营造良好的无障碍出行氛围。河北省在客运站、城市公交场站等场所,通过电子显示屏、印制宣传资料等形式,广泛宣传无障碍设施使用知识,倡导人们关心关爱残疾人、老年人等特殊人群。

3. 完善乘车优惠政策

城市公共交通是老年人和残疾人日常出行选择的主要交通方式。《中华人民共和国残疾人保障法》第五十条规定,"县级以上人民政府对残疾人搭乘公共交通工具,应当根据实际情况给予便利和优惠。残疾人可以免费携带随身必备的辅助器具。盲人持有效证件免费乘坐市内公共汽车、电车、地铁、渡船等公共交通工具。"交通运输部于2013年下发了《关于贯彻落实〈国务院关于城市优先发展公共交通的指导意见〉的实施意见》(交运发〔2013〕368号),指导各地交通运输主管部门为残疾人、老年人提供城市公共交通票价优惠;对执行老年人、残疾人、学生等优惠乘车的城市公共交通企业,建议城市公共财政给予足额补偿。

目前,全国所有省会城市、计划单列市和大部分地级、县级城市均实行了对残疾人和65周岁以上老年人减免公共交通票价的优惠政策。北京、大连、临沂等城市,将老年人免费乘坐公共交通的年龄标准从65周岁下降到60周岁。武汉市65周岁以上老年人持"优待证"每年免费乘公交、轮渡、地铁730次。上海市实施老年综合津贴制度,为上海户籍且年满65周岁的老年人办理"上海市敬老卡",发放老年综合津贴,涵盖高龄营养、交通出行等方面需求;对于盲人可以免费乘坐市内公共汽电车,对本市户籍持证残疾人给予每人每月45元交通补贴。北京市规定残疾人持有效证件免费乘坐市内公共汽车和电车,盲人还可免费乘坐地铁。深圳市规定所有残疾人均可以免费乘坐市内公共汽车和市内轨道交通。此外,很多城市对于残疾人乘坐无障碍出租车也通过政府购买服务方式给予补贴。例如,北京市规定,具有本市户籍的持卡(证)的肢体一二级残疾人乘坐无障碍出租车时,对高于普通出租车车费的部分给予100%补贴。

4. 逐步推广导盲犬政策

2015年,中国铁路总公司和中国残联共同印发了《视力残疾旅客携带导盲犬进站乘车若干规定(试行)》,北京等地铁路部门相继出台了有关细则。在导盲犬乘坐城市公共交通工具方面,山东省2012年出台了《山东省实施〈中华人民共和国残疾人保障法〉办法》,规定盲人可以牵引导盲犬乘坐交通工具和出入公共场所。大连市于2012年出台了《大连市残疾人保障若干规定》,明确规定盲人携带导盲犬出入公共场所和乘坐公共交通工具,相关单位和个人应当给予便利,2015年出台的《大连市轨道交通条例》规定盲人可携带导盲犬乘坐地铁出行。北京市在2015年出台的《北京市轨道交通运营安全条例》中规定,"视力残障者携带导盲犬进站乘车,应当出示视力残障证件和导盲犬证。导盲犬应当佩戴导盲鞍和防止伤人的护具。"此外,武汉、青岛等地也出台相关文件允许导盲犬乘坐公共交通工具出行。

(三)提高无障碍出行信息化水平

随着科技发展,各种智能化、信息化手段加入到交通运输行业中,衍生出多种信息科技产品,为出行者提供及时多样的服务信息,也帮助人们在交通运输无障碍环境中,信息交流更加便捷。近年来,各地加快综合交通出行信息平台建设,纳入火车、道路客运、公交、地铁、出租、公共自行车、停车等相关信息,为乘客提供及时准确的交通出行信息服务。自2011年以来,相继选定37个城市开展"公交都市"创建工作,加快智能公交建设,鼓励各地通过语音和文字提示、盲文等多样化方式,为残疾人等提供公交出行信息。

1. 出行前无障碍信息获取

通过电话热线、微信、APP等信息化手段,满足出行者获取无障碍出行信息的需求。北京市于 2008 年开通了地铁运营服务便民热线"68345678"，可以为残疾乘客提供电话预约服务。福建省增加了电话服务热线，提供"爱心直通车"等服务。荆州市开通了公交微信服务，完善乘客出行信息服务平台建设，通过网站、电子信息服务屏、手机移动终端"掌上公交"、服务热线等多种方式，建设动态化、多样化的查询服务系统，根据乘客不同需求提供公共交通出行信息服务。盲人乘客可通过车载语音报站掌握车辆到站信息；聋哑人可通过手机或电脑查询全市所有公交车运行情况及到站时间，也可以通过电子站台直接了解车辆到站信息。

2. 出行中无障碍信息辅助

通过提供无障碍信息辅助，利用信息化手段设置无障碍标识，可以减少老年人、残疾人等群体出行中可能遇到的困难。当需要帮助的乘客来到地铁站口时，可以通过按钮呼叫地铁工作人员或志愿者护送乘客到站台，并帮助他们上车。北京四惠等大型综合公交枢纽增加了语音导航和引导标识，帮助视障人士完成乘车换乘等行为。北京市还对公共汽电车站台地方标准进行补充完善，重点规范主要公交走廊内站台的电子站牌设置，为市民公交出行提供车辆到站信息预报、交通出行信息提示、远程信息发布等信息服务（图 2-2-6）。

目前上海所有公交车站都已具备实时报站功能，报站屏幕采用 kindle 墨水屏技术，使老年人阅读信息更加舒适。在上海地铁车站内设有可扫码支付的语音快捷售票机，通过语音控制就可以实现购票，车站内换乘指示电子标牌采用大字体、强对比色，换乘信息清晰易读（图 2-2-7）。

3. 无障碍出行引导系统

专门为老年人、残疾人等特殊人群出行，设计无障碍出行引导系统。上海市新投入运营的地铁线路设有无障碍车厢，并配有蓝牙无线导盲系统等设备。广东省为保障视障群体的无障碍出行和信息获取，设立"珠江三角洲城市公共交通导盲系统"安装及"视障人员免费配发读屏软件"助困扶残项目，并将其纳入 2014 年省政府十大民生实事。目前，广州市公共交通导盲系统已实现了覆盖市区所有公交站点、线路、车辆，其中公交导盲 APP（听听巴士）的用户量已达到 1.2 万以上，正在进行大规模用户推广。深圳市于 2019 年通过改造公交车厢电子显示屏报站器，实现车内语音播报与车厢内外

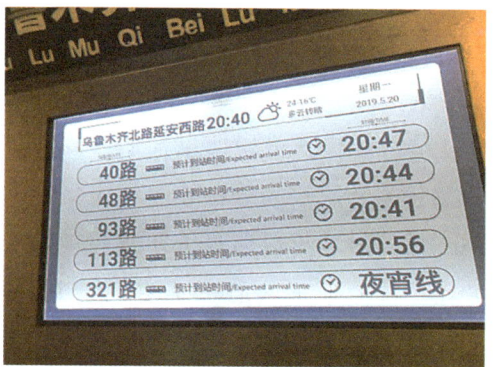

图 2-2-6　北京公交车站的电子站牌　　　图 2-2-7　上海公交车站的墨水屏电子显示牌

电子显示屏联动报站功能，同时正在推进"听听巴士"公交导盲系统建设，目前已有410辆公交车支持完整的公交导盲系统。东莞市400辆公交车均安装了车载导盲系统，并为400名视障人士配送导盲终端机；公交导盲软件面向东莞全市视障群体免费开放，视障人士可自行通过手机下载安装公交导盲软件，并借助软件辅助出行。青岛市2019年要求为不少于4000辆公交车安装"听听巴士"公交导盲系统，方便视障人群出行，覆盖公交站点约5500个（图2-2-8）。

四、无障碍交通出行存在的问题

尽管近年来我国无障碍出行环境持续改善，极大便利了残疾人、老年人等需特殊照顾群体的出行，但是仍然在诸多方面有待进一步完善。一是法规政策和标准规范体系仍需健全。例如，《城市公共交通管理条例》急需出台，应对无障碍公交出行服务提出明确要求，从而为开展城市公共无障碍出行环境建设提供法律制度保障。此外，目前我国在水路客运场站和船舶配套建设

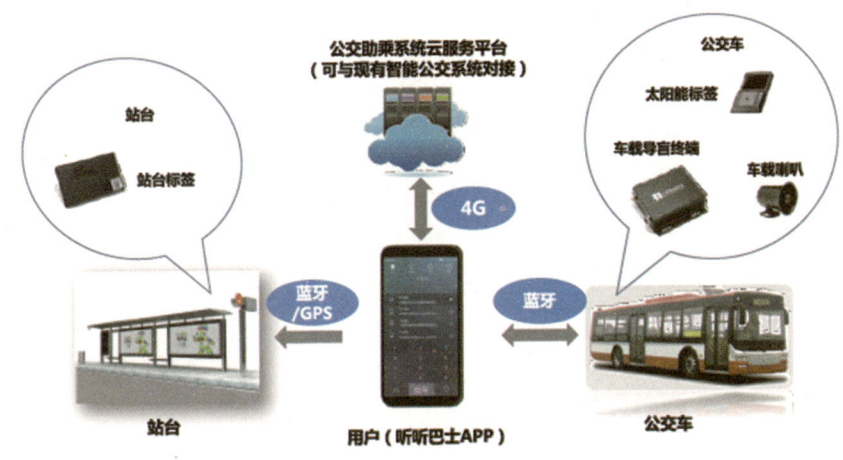

图 2-2-8 "听听巴士"公交助乘导盲系统

无障碍设施方面,均缺乏相关标准规范依据和建设经验。二是既有基础设施改造难度较大。例如,北京、上海等一些城市的老旧地铁线路,地铁车站在设计和建设时对无障碍设施配置需求考虑不足,导致残疾人在乘车、换乘时存在不便。这些车站的无障碍设施改造条件有限,车站内空间不足,且施工停站运行风险高,客观上制约了无障碍电梯等无障碍设施的改造工作。三是无障碍设施存在被占用和损坏现象。一方面,部分地区人行道、轨道交通车站出入口等区域存在乱设摊、乱占道等现象,造成盲道等无障碍设施无法正常使用。另一方面,对于无障碍设施的日常维护管理有待加强,一些无障碍设施的维修专业性要求较高,而所雇用维护和保洁人员专业水平较低,不了解、不熟悉无障碍设施的使用和维护方法,导致设施设备损坏后更换不及时。四是无障碍运输装备有待升级。目前,在城市客运、道路客运等领域的无障碍车辆普及率仍然不高,交通运输装备更新和升级改造面临缺乏资金、受制于现有设施条件和停靠环境、企业积极性不高等诸多困难。五是无障碍出行信息化智能化水平有待提升。交通出行无障碍信息服务相对滞后,目前社会力量缺乏研发便利残疾人使用的无障碍出行地图的主动性,在常用的出行导航软件中也缺乏无障碍出行导航模式,导致残疾人在规划城市公交出行路线时存在困难。此外,乘客、公交车辆和公交站台之间未实现交互协同,导致残疾人在上下车时,难以提前告知公交车驾驶员需要得到帮助。

第三章
我国无障碍交通出行的发展要求

中华人民共和国成立以来特别是改革开放以来，中国社会发展取得了巨大成就，随着世情、国情的深刻变化，当前中国社会发展呈现出新的阶段性特征。无障碍交通出行出现并非偶然，而是社会发展到一定阶段的必然产物。

一、高质量发展的根本要求

无障碍交通出行概念的出现是经济社会发展到一定阶段的必然产物。新中国成立以来特别是改革开放以来，中国社会发展取得了巨大成就，2010年中国国内生产总值达到了40万亿人民币，成为世界第二大经济体；2020年全面实现小康社会后，中国社会发展进入一个新阶段，踏上全面建设现代化国家的新征程：到2035年，我国经济实力、科技实力将大幅跃升，基本实现社会主义现代化，跻身创新型国家前列。到本世纪中叶，我国物质文明、政治文明、精神文明、社会文明、生态文明将全面提升，实现国家治理体系和治理能力现代化，成为综合国力和国际影响力领先的国家，全体人民共同富裕基本实现，我国人民将享有更加幸福安康的生活。新阶段、新征程必定要求有新理念、新战略、新任务。高质量发展也不只是一个经济要求，而是对经济社会发展方方面面的总要求，这必然包括人们无障碍地出行在内的多项诉求的不断满足。因为在这个时代，"人人生而平等"已成为现代社会最基本的价值理念。无障碍环境的建设体现了互帮互助的"社会生活共同体"的友好意识，是在更广阔的维度上对一个城市品牌、形象、人文精神的涵养和维护，无障碍交通出行是社会建设的应有之势。

2021年3月通过的《中华人民共和国国民经济和社会发展第十四个五年规划和2035年远景目标纲要》中的多项内容也对无障碍发展提出要求，尤其是其中第五篇"加快数字化发展 建设数字中国"、第十三篇"提升国民素质 促进人的全面发展"和第十四篇"增进民生福祉 提升共建共治共享水平"等。关注无障碍交通出行已经成为重要的民生实事、民生工程，彰显着以人民为中心的发展理念。

同时，无障碍也是人们对其认知发展到一定阶段的产物。理念决定制度，理念影响技术。对无障碍以及无障碍的认知在很大程度上左右了政策的制定及具体设计的选择，并塑造着无障碍交通出行的环境氛围。纵观我国30年来无障碍环境建设的发展，虽然无障碍设施数量建造不断增加，但是由于无障碍意识的薄弱、认知的有限，法律政策不完善、设施设计不合理、维护管理不到位等的现象也时有出现。在新的发展阶段，无论是出于现实问题解决的需要，还是人们权利意识的觉醒、诉求的升级，都将增加对无障碍的认知和了解，并由此推促无障碍及无障碍交通出行的快速发展。

二、应对人口老龄化的必然要求

目前中国正处于老龄化快速发展阶段，再加上已有的规模较大的8500万残疾人群体，对无障碍交通出行有刚性需求的群体越来越多。

自2010年第六次全国人口普查以来，我国人口发展的内在动力和外部条件发生了显著改变，出现重要转折性变化，人口总规模增长惯性减弱，劳动年龄人口波动下降，老龄化程度不断加深。2020年的第七次全国人口普查数据显示，中国60岁及以上的人口已占全部人口的18.7%，65岁及以上人口占比为18.5%，我国成为当今世界老年人数最多的国家。预计到2025年，60岁及以上老年人口将突破3亿，2033年将突破4亿，2053年将达到4.87亿的峰值。未来几年，我国人口老龄化水平将从最近几年短暂的相对缓速的演进状态扭转至增长的"快车道"，从轻度老龄化进入到中度老龄化阶段。同时，残疾人是社会成员中典型的弱势群体，且是数量较多的一个群体。现阶段我国约有8500万残疾人，约占总人数的6.34%，涉及7050万个家庭。其中视力残疾人877万，肢体残疾人1100万。包括老年人、残疾人在内的一切因身体或物理原因行动不方便的群体，都需要通过无障碍交通出行实现社会生活的参与。但目前，虽然在经济社会快速发展的新时代，居家和机构养老服务推陈出新，残疾人保障与服务不断健全，整体发展势头良好，但是我国无障碍交通出行环境建设中还存在许多障碍：国民整体无障碍意识不高，无障碍设施零星建设、分散管理、缺乏统筹，无障碍软性服务建设滞后等。保障包括老年人和残疾人在内的有出行需要的群体平等参与社会活动，需要全力补齐无障碍交通出行民生短板，改善提高人居及出行环境，为各类人群提供便捷化、人性化、舒适化、智能化的出行服务。

可喜的是，近年来我国政策环境的不断优化与日趋完善，为无障碍交通出行的发展提供了一些政策支持。如2018年，交通运输部会同六部联合发布了《关于进一步加强和改善老年人残疾人出行服务的实施指导意见》，指出应鼓励地方残联、老龄委牵头组建志愿者团队，鼓励社会力量参与，开展专业化、多元化无障碍交通出行服务，并将老年人、残疾人无障碍交通出行服务工作纳入目标管理绩效考核。

三、民生经济发展的基本要求

首先，整体实践表明，改善民生有助于经济发展。发展民生经济是促进消费、扩大内需的根本途径。只有把政府财力优先运用于公共支出，广大人民群众才能改善消费预期，积极扩大消费，为扩大内需提供广泛而持久的动力。近年来我国进一步加大改善民生力度，社会财富分配逐步向民生倾斜，养老服务、残疾人保障等社会福利事业全面推进，社会保障已经成为全民共享国家发展成果的基本途径与制度保障。

扩大内需应坚持"把满足国内需求作为发展的出发点和落脚点，逐步形成以国内大循环为主体、国内国际双循环相互促进的新发展格局"。我国14亿超大人口及市场规模是强化国内大循环的坚实基础。一方面，以国内大循环为主体应着力打通国内生产、分配、流通、消费的各个环节，不断满足消费升级需求。另一方面，国内国际双循环相互促进，将国内与国际市场有效联通，可为中国经济发展提供更加强劲的发展动力。

其次，发展无障碍交通出行具有刺激消费、发展经济的潜在优势。无障碍交通出行涵盖全体社会成员，既包括普通人，亦包含活动不便的老年人及儿童等群体。这些群体消费需求与普通人有差异，但其消费能力与带动生产的能力不可小觑，需要引导其无障碍地参与社会经济，调动内需积极性。无障碍交通出行环境的建设与发展有利于带动旅游业快速发展，使各类人群尤其是残疾人、老年人走出家门、融入社会、参与经济建设、共享现代文明成果。

同时，完善交通基础设施网络也能提升我国经济运行的综合效率。2018年印发的《关于进一步加强和改善老年人残疾人出行服务的实施意见》提出到2020年，交通运输无障碍出行服务体系基本形成。要求加大资金投入，创新和优化无障碍交通出行服务提供方式，加大政府购买服务力度。鼓励采用政府与社会资本合作等模式，吸引社会资本参与交通运输无障碍设施建设和改造，拓宽支持无障碍环境建设的资金来源渠道。各地人民政府要对无障碍基础设施建设改造给予用地、资金扶持等政策支持,对老年人、残疾人优惠乘车予以补贴补偿。①

第三,无障碍交通出行的建设有助于增加就业岗位。蔡继明教授认为从经济学角度来看,无障碍环境建设对高质量经济发展有重大影响。无障碍环境建设的经济价值主要体现在促进就业、增加劳动力市场有效供给、促进供给侧结构性改革、促进创新型国家建设、深化基础性关键领域改革、打好三个攻坚战、落实乡村振兴战略和促进区域协调发展、扩大消费与促进有效投资等方面。②同理无障碍交通出行建设亦可促进消费需求循环进而释放经济价值特性效应。

根据中国残联发布的《2020年残疾人事业发展统计公报》数据显示,全国城乡持证残疾人就业人数为861.7万人,其中按比例就业78.4万人,集中就业27.8万人,个体就业63.4万人,公益性岗位就业14.7万人,辅助性就业14.3万人,灵活就业(含社区、居家就业)238.8万人,从事农业种养加424.3万人。③且受新冠疫情的冲击,残疾人就业形势不容乐观。因此,促进残疾人就业工作就显得尤为重要。无障碍交通出行系统的完善无疑减少了残疾人外出和就业的障碍,在一定程度上也就降低了残疾人就业难度,增加了残疾人就业概率。

无障碍交通出行的发展还能通过推动交通基础设施建设,不断提升交通运输服务水平,创造新的就业岗位。从时间维度看,无障碍交通出行对就业的影响贯穿整个建设运营周期。在交通建设阶段,基础设施等修建产生了大量劳动力需求,创设了大量的就业机会。开通后,交通运营本身会吸纳大量从业人员,其中需求量最大的是服务型人员。从空间维度看,无障碍交通出行的建设,亦带动了周边旅游、餐饮、住宿、房地产、零售等相关行业的发展,创造了大量就业岗位。无障碍交通出行建设既具有重要的社会价值、人文价值,也具有重大的经济价值、经济效应。

---

① 中华人民共和国中央人民政府,七部门联合发文加强改善老年人残疾人出行服务_部门政务_中国政府网 http://www.gov.cn/xinwen/2018-01/22/content_5259285.htm,2018-01-22。
② 清华大学无障碍发展研究院,"无障碍环境建设经济价值"研讨会在清华大学举办,http://www.adi.tsinghua.edu.cn/info/dtxxsy/21083,2020-11-13。
③ 中国残疾人联合会,2020年残疾人事业发展统计公报,https://www.cdpf.org.cn/zwgk/zccx/tjgb/d4baf2be2102461e96259fdf13852841.htm,2021-04-09。

同时，随着无障碍交通出行的发展，市场也自然会对无障碍技术开发和无障碍技术专业人才产生需求。但近年来我国市场主体并未对无障碍环境建设技术开发及相关专业人才培养做出快速而有效地回应。有研究指出，目前我国高等院校、科研院所的无障碍环境建设相关的科研和教育力量相对薄弱，日后应加强建设。

四、社会治理体系的组成部分

经过几十年社会治理的实践探索和社会治理的制度建设，我国已经基本形成一套社会治理行之有效的做法和社会治理的"四梁八柱"，中国特色社会主义社会治理体系基本形成。特别是党的十八大以来，我国加大社会治理创新的力度，创新社会治理理念，完善社会治理格局，不断提高防范社会风险和维护社会和谐稳定的能力，社会治安形势持续好转，人民群众满意度和安全感稳步上升。这有利于破解无障碍交通出行环境中的困境，改善人民出行环境。

实现社会公正是社会治理的具体目标之一，更是社会治理现代化的重要衡量尺度，党的十八届三中全会提出了推进国家治理体系和治理能力现代化的总目标，明确提出了"创新社会治理体制、提高社会治理水平"的要求。加快无障碍交通出行环境建设步伐，惠及包括残疾人、老年人在内的全体社会公民，能整体提高社会的福利水平。无障碍交通出行环境建设作为一项社会行动，是社会治理的重要内容，亦体现出社会治理的现代化水平。

无障碍环境建设，是党的十九届四中全会提出的社会治理体系和治理能力建设的重要组成部分，对于保障残疾人、老年人等社会成员充分参与社会生活、共享社会物质文化成果的权利，促进社会文明进步，都具有重要意义。

社会治理的核心在于以人为本。在构建社会治理体系中，要坚持动态治理原则，始终坚持"以人为本"，以促进人的自由、全面发展为宗旨，在社会治理中发挥人的主观能动性。无障碍交通出行亦需要关注人的主体价值及主体能动性的发挥，每个人都是无障碍交通出行的倡导者与参与者。以促进各群体的社会参与为目标，构建无障碍交通出行环境的出行决策与过程自主规划建设有利于各群体主观能动性的发挥。

社会治理强调治理主体的合作结构，强调由国家力量和社会力量，公共部门与私人部门，政府、社会组织与公民共同治理社会。社会治理体系下的无障碍交通出行，要求从"管理"模式转向"治理"模式，不仅需要强调政府的主导责任，也需要重视调动市场、社会组织和公民在无障碍交通出行环境建设中的主体作用。

五、科技创新的必然趋势

科技创新是引领发展的第一动力。党的十八大以来，以习近平同志为核心的党中央把科技创新摆在国家发展全局的核心位置，大力实施创新驱动发展战略，推动我国科技事业发生历史性变革、取得历史性成就。迎接数字时代，激活数据要素潜能，推进网络强国建设，加快建设数字经济、数字社会、数字政府，以数字化转型整体驱动生产方式、生活方式和治理方式变革。

当前，我国无障碍交通出行领域科学技术投入持续加大。2018年1月《关于进一步加强和改善老年人残疾人出行服务的实施意见》指出应完善残疾人通信系统、语音导航和导盲系统建设，积极推广应用微信、微博、手机App、便民热线预约服务等创新方式。引导老年人、残疾人合理安排出行计划，加强无障碍交通设施安全运行维护和管理。2020年9月23日，工业和信息化部及中国残疾人联合会联合发布推进信息无障碍的指导意见。意见指出，支持新技术在信息无障碍领域的发展与应用。推进人工智能、5G、物联网、大数据、边缘计算、区块链等关键技术在信息无障碍领域的融合和科技成果转化，支持新兴技术在导盲、声控、肢体控制、图文识别、语音识别、语音合成等方面的实际应用。2021年3月，《中华人民共和国国民经济和社会发展第十四个五年规划和2035年远景目标纲要》发布。其中第十六章第三节"构筑美好数字生活新图景"中提出："推动购物消费、居家生活、旅游休闲、交通出行等各类场景数字化，打造智慧共享、和睦共治的新型数字生活。"以数字化助推无障碍交通出行模式发展，全面提高运行效率。目前部分地区已搭上"共享经济"快车，借力"互联网+"，用共享电动车解决无障碍交通出行难题，让出行不便人士共享智能化生活。[①]

[①] 中华人民共和国中央人民政府，中华人民共和国国民经济和社会发展第十四个五年规划和2035年远景目标纲要_滚动新闻_中国政府网 http://www.gov.cn/xinwen/2021-03/13/content_5592681.htm，2021-03-13。

2020年4月，国家发改委重磅发布《关于推进"上云用数赋智"行动培育新经济发展实施方案》(以下简称《方案》)，其中"数字孪生"技术在《方案》中被提及多次，与云计算、人工智能、5G、物联网等前沿技术上升到国家高度。"数字孪生（Digital Twin）"概念最早在2002年被美国Michael Grieves教授提出，具体是指在信息空间构建一个可以映射表征物理设备的虚拟系统，他们之间的联系并不是单向和静态的，而是在整个产品的生命周期中都联系在一起。现今，城市病日益突出，数字孪生在此背景下得到广泛关注。将数字孪生应用于无障碍交通出行领域，可以在不改变原有物理世界的情况下，克隆出与之对应的虚拟世界，在虚拟世界中我们可以看到物理世界的方方面面，并且可以在虚拟世界中进行各种创新性尝试与改革，这样我们就可以提前知道这种决策运用在现实生活中是否可行。将此技术应用于无障碍交通出行领域可大大减少试错成本，并且不断调优，使得决策更好助力于现实环境。[1]

六、交通强国建设的应有之义

党的十九大作出了建设交通强国的重大战略决策，这是党中央赋予交通人的时代课题和历史使命，为新时代做好交通工作指明了方向。为统筹推进交通强国建设，党中央、国务院于2019年9月印发了《交通强国建设纲要》，其中明确提出"到2035年，无障碍交通出行服务体系基本完善。到本世纪中叶，全面建成人民满意、保障有力、世界前列的交通强国"的建设目标，九大重点任务中"构建便捷顺畅的城市（群）交通网"明确指出要"完善无障碍设施"。2021年2月8日，中共中央、国务院印发《国家综合立体交通网规划纲要》，这是加快建设交通强国的又一纲领性文件。《规划纲要》提出要"更加突出共享发展，注重建设人民满意交通，满足人民日益增长的美好生活需要"，将"加强无障碍设施建设"作为推进综合交通高质量发展的重要措施加以强调。随着《交通强国建设纲要》和《国家综合立体交通网规划纲要》的实施推动，无障碍交通出行环境建设已经成为交通强国建设的重要内容，迎来了重要的发展机遇期，同时也面临着更高的要求。

---

[1] 电子产品世界，什么是数字孪生？终于通俗的解释清楚了！http://www.eepw.com.cn/article/202102/422611.htm，2021-02-02。

(一)交通强国建设背景下无障碍交通出行发展总要求

交通强国建设强调以人民为中心的发展思想,作为人民群众中不可忽视的特殊需求群体,残疾人和老年人的无障碍交通出行环境建设是提升交通运输公共均等化水平的重要措施,是落实《交通强国建设纲要》和《国家综合立体交通网规划纲要》,建设人民满意、保障有力、世界前列交通强国的重要体现。

交通强国建设已为无障碍交通出行发展提供了基本遵循,无障碍交通出行发展的总要求是:以习近平新时代中国特色社会主义思想为指导,深入贯彻党的十九大精神,坚持稳中求进工作总基调,牢固树立为人民服务的宗旨意识,围绕法规政策保障、标准规范体系完善、基础设施建设改造、运输装备升级、出行服务品质提升和市场主体活力激发等重点任务,全力打造无障碍交通环境,保障行动不便者的出行权益,增强其获得感、幸福感、安全感,建成人民满意、保障有力、世界前列的交通强国,为实现交通强国梦提供坚强支撑。

(二)法规政策保障

交通强国建设要求深化行业改革,坚持法制引领,推动重点领域法律法规制定修订;统筹制定交通发展战略、规划和政策。这是描绘交通强国发展蓝图的基本依据和保障。无障碍交通出行体系是交通强国建设过程中的重点任务,其发展需要积极把握方向、谋划大局,因此要在法规政策方面优先保障。一是结合交通运输大部制改革,统筹考虑铁路、公路、水路、民航等各种交通方式立法资源,建立无障碍交通环境法治体系,完善顶层制度设计,建立健全交通运输各领域协同配合、齐抓共管的长效机制。二是认真研究无障碍交通出行环境建设主要任务、短板与瓶颈,多措并举出台无障碍交通出行政策,同时,各级交通运输主管部门与人民政府要深化细化实化各项政策措施,共同稳步落实无障碍交通出行环境建设。

(三)标准规范体系完善

《交通强国建设纲要》中提出要"构建适应交通高质量发展的标准体系,加强重点领域标准有效供给"。《国家综合立体交通网规划纲要》中提到要"完善交通基础设施、运输装备功能配置和运输服务标准规范体系,满足不同群体出行多样化、个性化要求"。无障碍交通出行环境建设领域正处于重要的发展阶段，更加需要加强对建设工作的指引和规范，努力推动相关专项标准研究和制订修订。紧扣交通强国建设重点任务，无障碍领域的交通行业标准体系要覆盖基础设施、交通装备、运输服务、出行信息服务等方面，全方位多维度夯实无障碍交通出行环境建设基础，使交通运输供给更加公平地惠及全体人民。

（四）基础设施建设改造

近年来，我国交通基础设施建设已经取得很大的发展，目前，我国已经成为名副其实的交通大国，基本适应了经济社会的发展需要。建设交通强国目标的提出，奠定了基础设施高质量发展的总基调。在综合客运枢纽、铁路客运站、公路客运站、客运码头、机场、地铁站、公交站、公路服务区等交通基础设施规划建设中，加大对无障碍设施的配套建设改造力度，是交通基础设施发展从"有没有"向"好不好"转变的重要环节。因此，交通强国建设要求加快补齐无障碍基础设施短板，抓覆盖、强功能，支撑交通运输无障碍环境体系高质量发展。

（五）运输装备升级

在《交通强国建设纲要》九大重点任务中的交通装备领域，要求实现"先进适用、完备可控"。对于交通运输无障碍出行服务体系建设而言，"先进适用"主要体现在运输装备的无障碍应用水平上。《国家综合立体交通网规划纲要》中明确提出要"加强无障碍设施建设，完善无障碍装备设备，提高特殊人群出行便利程度和服务水平"。列车、飞机、城市公共汽（电）车、地铁等各类交通运输工具应该聚焦残疾人和老年人等群体出行环境改善，持续优化无障碍设备配置，提升设备普及率和适老化、服务均等化水平。

（六）出行服务品质提升

《国家综合立体交通网规划纲要》中强调："健全老年人交通运输服务体系，满足老龄化社会交通需求。创新服务模式，提升运输服务人性化、精细化水平"。无障碍服务能力、服务意识和服务水平的提升是满足残疾人、老年人对便捷顺畅出行的需求、推动建设人民满意的交通强国的重要举措。一方面，强化交通运输企业和客运站场等出行服务主体的服务意识，通过开展无障碍服务培训等方式规范行业服务，对残疾人、老年人群体加大帮扶力度、提升服务能力，为改善他们的出行体验提供高质量服务。另一方面，要加强服务创新，加快综合交通出行信息平台建设，整合铁路、民航、道路客运、水运、地铁、出租、公共自行车、停车等相关信息，通过电子服务屏、移动终端等多种方式为残疾人、老年人乘客提供一站式出行信息服务。

（七）市场主体活力激发

《交通强国建设纲要》提出要"优化营商环境。健全市场治理规则，深入推进简政放权，破除区域壁垒，防止市场垄断，完善运输价格形成机制，构建统一开放、竞争有序的现代交通市场体系。全面实施市场准入负面清单制度，构建以信用为基础的新型监管机制。"在无障碍交通出行体系持续稳定发展过程中，同样需要市场主体的积极主动参与。这就要求在政府有形之手继续发挥作用之外，通过政府引导，加强交通行业的无障碍建设意识，推动无障碍交通设施设计单位、交通运输设施设备生产商、施工单位等无障碍环境建设主体的主动作为，激发无障碍交通出行环境建设市场活力。

（八）社会共建共治共享

《交通强国建设纲要》中提出，要"扩大社会参与"，"鼓励交通行业组织积极参与行业治理，引导社会组织依法自治、规范自律"。无障碍交通出行环境建设惠及民生，要丰富宣传内容和创新宣传形式，增强全社会的无障碍共识，鼓励和支持社会力量参与无障碍交通出行体系建设，同时要完善公众参与机制和监督机制，为人民群众反映诉求、参与建设畅通渠道、提供保障，全面打造共建共治共享的社会治理格局。

第四章
典型国家和地区无障碍交通出行的经验借鉴

第一节　日本的无障碍交通出行

近年来，残障群体的社会环境发生着巨大的变化。飞速的城市化与工业化进程中，人们面对生产、交通和环境污染等社会风险因素增加，以及高龄化社会的到来，残障群体在人口比例和总数上都有相当的增加，对残障的理解和认识也随之发生着转变，与障碍相关的各种问题引起各个学科的重视。对残障群体的理解和认识，不但需要残障服务的实践经验，也要理解残障群体社会排斥的结构性因素。从已有的研究看，关于残障的研究，正在从个人模式、社会模式向普同模式发展，而具体的无障碍研究与实践，也从物理无障碍向人文无障碍，并向无差别的通用模式迈进。

一、日本无障碍交通出行的现状

日本于 2000 年 11 月实施《无障碍交通出行法》，落实无障碍公共交通运输服务，除既有公共运输外，也积极引入各类非典型公共汽车，如电梯公共汽车、福利出租车以及低地板电车等补贴机制。日本政府还在 2014 年提出《平成 26 年障碍者白皮书》，其中第七章提出为生活环境创造优质的基础设施，从对高龄群体和身心障碍者群体出发，强调从使用者角度建设友善步行空间与公共运输服务，考虑到身心障碍者能够有效使用路口行人交通信号灯。同时，国土交通省具体提出促进公共运输、建筑开发、公路街道的整体无障碍环境的形成，以公共运输工具为中心结合接驳转乘设施，促进城镇的无障碍环境发展。同时鼓励私人和民营单位加入无障碍交通服务，政府通过补贴与发放使用券的方式推动无障碍交通出行，特别是对偏远地区的出行需求，政府一方面办理公营的福利巴士，另一方面鼓励更多组织和个人参与进来，通过补助和消费券的形式提供支持。日本的社会福利交通运输服务制度，是为保障偏远地区的身心障碍群体自由出行的权利，主要是基于日本中央国土交通省政策，由地方政府出面沟通协调整合提供行政支援，以补助或奖励当地交通运输服务业者的方式，使能共同积极参与无障碍交通事业，提供多样化的交通运输支援服务。

二、日本无障碍交通出行的发展演变

（一）以身心障碍者为重的"点状福祉社区营造"时期

日本早在1949年就已经制定了残障者福祉法，但社会上真正具体关心"无障碍环境"的问题，制定其他政策法规运动要等到20世纪70年代前后。在这之前，身心障碍者大多都是待在家中或收容机构中，因受当时脱离"居家福祉"理念的影响，让轮椅使用者从机构走出到街道上蔚成一股强大的社会趋势，促使"无障碍环境设计"从硬体环境的"福祉社区营造"层面出发，急速地在日本各地展开。如1970年在仙台市发起的呼吁扩大身心障碍者生活圈，"考虑残障者需求的社区营造运动"揭开了推动"无障碍环境"建设的序幕。为回应市民要求，仙台市内的百货公司增设考虑残障者需求的设备，市中心人行道部分的高低差也改建了无障碍斜坡道。1970年制定了确保残障者住宅暨公共设施、交通得适切考虑残障者需求的《残障者对策基本法》。1973年被称为"日本福祉元年"，厚生保健省将"身体障碍者福祉示范都市事业"制度化，制定全国的51个都市为示范都市，从整体都市层面积极推动无障碍环境建设。1974年东京都町田市制定日本全国最早的《町田市福祉环境整备纲要》，以此为契机，其他都市也陆续制定《福祉环境整备纲要》。1975年建设省也颁布了《考虑残障者使用之设计资料》等，提供设计时的参考图例及规范。此外，1981年日本建设省发布《官公厅公家营缮单位考虑身障者使用设计指南》，督促各地方自治体相关机关推动实施无障碍环境，并在1982年颁布《考虑身心障碍者使用之设计标准》。而日本政府也在1983年积极针对考虑残障者的交通政策加以改善，同年，运输省制定《公共交通机关、车站考虑残障者用设施整备指南》开始改善交通设施。

日本的"无障碍环境"建设一方面受社会风潮如脱离"居家福祉"理念影响，倡议扩大残障者生活圈运动；另一方面，日本推动"无障碍环境"建设的一大特点是地方先行，然后影响中央制定相关政策全国推动。

(二)以高龄长者为中心的"全面性福祉社区营造"时期

在日本，无障碍环境建设与无障碍设计逐渐被社会认识的最大转机是由于1981年联合国推动"国际残疾人年"，日本政府和民众开始根据"正常化理念"的基础，认识到"排除残障者，只由健康正常的人所构成的社会并不是一般正常的社会"，因此这一时期改善残障者生活环境大规模地在各地展开。日本社会也慢慢认识到"方便残障者及高龄者居住的社区也会是方便所有人居住的社区"。加之受美国身心障碍者自立生活运动的影响，20世纪80年代在日本各地也诞生了许多保护身心障碍者权益及提供资讯信息的"自立生活中心"。

1982年建设省所制定的《考虑身体残障者使用的建筑设计基准》是日本全国最早统一的无障碍环境建设设计指南。1986年发布的《长寿社会对策大纲》将重点放在向着推动高龄者的社会参与、居家照护、朝向建构理想建筑物、住宅的方向迈进。而将无障碍环境建设适当融入住宅范畴，1986年的《地域高龄者住宅计划》则扮演重要角色。在此计划中整体反思社区、生活层次的高龄者住宅问题，并将其结果整合为《银发住宅计划》，是高龄化时代住宅政策上最先将无障碍环境建设具体化的成果。日本地方政府也受到这一潮流的影响，如1983年大阪市政府发布《高龄化时代的住宅设计指南》，强调相应高龄化住宅设计样式的重要性。

随着高龄化社会的到来，日本无障碍环境建设的对象慢慢从身心障碍者转换到高龄长者，社会关心的重点逐渐从"少数"的身心障碍者转移到"多数"的高龄长者，故向来以身心障碍者需求为前提而推动的《福祉社区营造》也同时被要求须将高龄长者的需要纳入其中。而《福祉社区营造》并不是狭隘地只为某些特殊人士的需要，"建造任何人都方便居住的生活环境"的共识，在日本社会中慢慢落实并被大众接受。这种改变一方面受国际残障群体权利运动和联合国"国际残疾人年"影响，另一方面受到本身国内高龄化社会的到来，需要及时回应残障群体和高龄群体的无障碍环境建设需要。因此，日本中央政府在1988年制定《福祉社区营造模范地区整备指南》，而各县市及地方自治团体也纷纷着手制定相关无障碍环境建设规范，如1988年东京都的《福祉社区营造整备指南》。1990年神奈川县率先在《建筑基准法40条（特殊建筑物）施行条例》中导入福祉观点，是日本最先在建筑基准法中融入残障者群体等的可及性和"合理便利"的设计标准。1993年大阪市政府最先将官公厅、设施及道路、交通设施等所有都市政府部门、公共设施列为对象，考虑身体有障碍的市民的社会参与及为回应高龄化社会环境的建构，公布了《福祉社区营造条例》。但这两个地方自治体的实施条例都还只是针对住宅及日常生活的小规模都市设施作一定改善，还未形成体系化系统化的都市无障碍环境建设。

1991年建设省制定《福祉社区营造示范事业》，则是整体考虑都市中心高龄者及身心障碍者的移动特性，进行全面性的都市改善。而后在1992年《建筑物整备促进事业》中开始将考虑高龄长者及身心障碍者的公共建筑物的无利息、低利息融资制度化，两项政策具体支援都市区进行无障碍环境建设改革运动。受这一趋势的影响，地方自治组织也开始推动无障碍环境建设运动。1990年横滨市开始补助车站设置电梯费用，神奈川县修改《建筑基准法实施条例》，导入无障碍环境设计的标准；1991年在大阪市内开始定期运行附加设置轮椅升降梯的公共巴士。1993年制定《车站电梯及电扶梯的整备指南》。这些交通机关政策的制定推动了以京都市营地铁为首的交通环境无障碍环境化的实现，随后神户市、仙台市开始效仿推动无障碍环境建设。这一阶段是中央政府和地方政府协力推进"无障碍环境"建设的重点时期，地方政府在"无障碍环境"建设过程中发挥重要作用，投注人、财、物、政策，且都通过各地社区营造建设符合各地特色的"无障碍环境"。

（三）以所有人为中心的"建构通用性生活环境"时期

1993年日本将身心障碍者对策基本法修改为《残障者基本法》，加速无障碍环境建设。1994年建筑审议会因为考虑到高龄社会的到来，日本政府考量使用者多样化的需求及为促进高龄者及肢体残障者的自立和积极参加社会活动，发布《生活福祉空间建构大纲》，并制定具有法律约束效力的《建筑物法案》，对建筑物的持有人加以诱导，希望能建构并形成良好的社会共同建筑资产。主要是回应高龄社会的到来，希望能够促进高龄者及肢体残障者的自立和积极地参加社会活动，因此，凡是具有公共性质、各类人群都有可能使用的建筑物，必须考虑到让高龄长者、身体残障者等能便捷使用的设施。所以，必须对建筑物的持有者加以指导、诱导等综合措施，以希望迅速形成良善的社会共同建筑资产为目的。

面临21世纪超高龄社会的来临，日本政府尝试从生活及照护的观点出发来建构居住环境，积极考虑高龄长者及残障者的建筑物和都市设施设备的建设，迅速地将有关生活空间无障碍环境建设的议题法治化和具体可操作化。1995年修订的《残障者白皮书》第一次以"朝向无障碍社会"为主题。同年建设省以综合技术开发案《长寿社会中提升居住环境的技术开发》的研究成果为基础，为了提升优质的符合人性关怀的无障碍住宅的数量，提出《对应长寿社会住宅设计指南》，考虑处于身体机能衰退的高龄长者也能安心永续居住的住宅，要求住宅内部无高低差，楼梯、浴室装设扶手，规定通道、出入口确保一定宽幅便于轮椅出行等。

同时为了实现身心障碍者和高龄长者等任何人都能自由平等参与社会活动，促进公共交通设施的无障碍化，日本政府在2000年5月发布《无障碍交通出行法案》，并于同年11月开始实施。其主要目的在促进和提升高龄长者及身心障碍者等群体使用公共交通设施的方便性及安全性，也借此增加公共福祉。主要由中央政府制定"基本方针"规范公共交通相关人员在建设新车站、改建或引进新车辆时，必须达到法律所制定的无障碍标准。地方政府则根据国家所制定的基本方针，对一定规模的车站及旅客设施制定并实施达到无障碍化的"基本构想"。

另外，20世纪70年代从美国发源的通用设计（Universal Design）在这个时候进入社会视野，并在20世纪90年代被引入日本，开始得到一定发展。因为社会急剧高龄化及经济不景气的影响，为了使得产品更加具有市场竞争力，各大企业开始在衣、食、住、行等多类产品中导入通用设计理念，陆续推出多项符合通用设计理念的新产品，市场开始参与到建构一个所有人平等且共生共存的社会当中。通用设计理念的提出，既是给无障碍环境建设提供更宽的视野，即无障碍环境建设除了公共空间外还包含生活世界中的衣食住行的无障碍化，同时又给无障碍环境建设符合所有社会大众需求开拓的路径，跳脱了"特殊群体"的"特殊照顾"标签。

通用设计理念逐渐在社会组织、市场组织和地方自治组织中产生影响，许多通用设计相关团体成立，从多个面向投入通用设计理念的推广与实践。最早开始活动的是1991年成立的"E&C Project"，此团体在1999年更名为"共用产品促进机构"。主要目的是借由开发普及让身心障碍者及高龄长者日常生活上也方便使用的产品，来实现无障碍环境的社会。另外如 1995 年设立的"通用设计协会"，其主要目的在普及推广符合日本实际的通用设计理念，并根据通用设计理念进行产品的开发、都市计划、社区营造、设施建设及社区开发。日本通产省从 1957 年创设的优良产品设计奖也于 1997 年增设通用设计奖项。1999 年创设"通用设计论坛"，主要宗旨在让企业在商业活动中融入并实现通用设计的理想，结合企业和企业、企业和使用者、企业和行政、企业和研究机构等，进行资讯及信息的沟通讨论，具体支援产品设计制造及服务开发的过程中实现通用设计理念。比如，1999 年东京瓦斯株式会社在新宿的生活设计中心以"任何人都方便使用的产品及生活环境"为主题召开"通用设计展"，主要在对社会大众进行通用设计概念的普及及启蒙，并根据通用设计的想法提供住宅设计及相关商品资讯。在行政方面 2001 年熊本县召开"通用设计国际研讨会"，1999 年静冈县政府在企划部设置"通用设计室"，不只督导社区营造及生活环境等物理空间方面落实通用设计理念，也新建学科体系进行通用设计人才培育工作。所以这一时期，为应对高龄社会的到来，日本积极投入无障碍换件建设中，而且将"通用设计"理念引入到无障碍环境建设中，这一时期的无障碍环境建设已经开始朝向面对所有社会大众使用方便的方向迈进，同时通过社区营造行动，去除使用无障碍环境群体身上"特殊照顾"标签，让无障碍环境建设融入社会生活中。另外，日本无障碍环境建设中把公共建筑、政府部门、私人住宅等都纳入到无障碍环境建设中，逐渐形成无障碍环境建设体系。

三、日本无障碍环境建设的发展经验

日本的无障碍设施渗透在生活的各处，通过各种细节得以体现。基于残障者人数不断增多以及障碍特性不断变化的考虑，反对特意去建设多种多样的残障者专用设施，而是提倡在所有的设施中增加应对各类障碍的功能。比如，并非去建设残障者专业住宅，而是普通住宅中增加残障者能够利用的各类功能；不是去开通专门针对残障者的交通工具，而是将无台阶无障碍的功能植入到普通的公共交通工具中去，以实现残障者的正常化生活。日本在推动"无障碍环境"建设的初期单纯从身心障碍者的需求层次面出发，以物理的无障碍环境建设为主。随着高龄化社会的来临，高龄人口在人口比例中不断提高，高龄人口数量不断攀升，逐渐认识到社会生活中的每一个人对"无障碍环境"均有需求，将"无障碍环境"建设规范扩大到福祉、医疗、保健的层次，并纳入"福祉乡镇生活环境"建设中。因此，整合福祉、医疗、保健等层面的法规，从整体多角度来接近并解决"无障碍环境"建设的问题，从日本的无障碍环境建设的历史脉络看，日本也是逐渐从"特殊群体"的"特殊经验"的无障碍物理环境建设，到全体国民的社会福祉的改变。同时，从日本的"无障碍环境"相关立法来看，国家制定规范性的规格和条例，各地方政府以此为标准决定是否采用，或制定符合本地特点的"无障碍环境"建设的相关规定。这种做法，一方面是日本地方政府有相应的自主权，另一方面，也为了让"无障碍环境"更加符合当地风俗习惯、地域特色，把无障碍环境建设与社区营造结合起来，嵌入到日本民众的日常生活中。

第二节　加拿大的无障碍交通出行

一、加拿大无障碍交通出行政策体系

加拿大无障碍的发展，随着立法不断完善。加拿大无障碍法规的发展史源于加拿大残疾人人权法立法的发展史，从20世纪40年代开始，加拿大就一直致力于保护残障人士及其他弱势群体，并通过了一系列相关法律。20世纪50年代，"公平立法"概念引入，就就业、住房、服务等方面的歧视做出禁止法案。20世纪60年代至70年代，各种人权法规引入加拿大，巩固了早期立法的框架。在人权法的发展过程中，对残障人士的无障碍法规逐渐得到重视和完善。

无歧视法规为加拿大无障碍环境建设奠定了基础。1982年，加拿大出台宪法《权利与自由宪章》明确规定，每个人在法律基础上拥有平等权利，任何人不得因种族、来源国、肤色、宗教信仰、性别和精神及生理残疾而受歧视。1985年通过的《加拿大人权法》要求，禁止在服务、住房、就业和宣传

出版方面因种族、来源国、肤色、宗教信仰、性别、婚姻、家庭以及残疾等原因歧视他人。奠定了残障人士等特殊群体独立生活、接受教育、参加工作和融入主流社会的重要支持。

在道路无障碍交通出行方面，加拿大在1996年通过的新加拿大交通法对无障碍做出了强制性规定，如果残疾人对无障碍交通出行不满意，可向交通行政部门投诉或向法院起诉，从而保障实现无障碍交通出行。加拿大运输部（1998年）进一步提出了一项建议，即建立省际协议，承认省外停车许可和残疾人无障碍省际和城际公共汽车运输。这些各种各样的交通和停车倡议作为联邦、省和地区政府支持的指令而存在。此后政府先后出台了关于火车、轮渡、客运大楼及各种通用场景中的无障碍标准。先后出台了《残疾人无障碍运输规定》《消除残障旅客的通信障碍》《残疾人协助人员培训条例》《自助式交互式设备的无障碍设计》（CAN/CSA-B651.2-07）等无障碍标准。同时加拿大交通局参考美国交通部的FinalRule，发布《消除残疾人士出行的沟通障碍：实务守则》，对联邦运输网络中（包括航空、铁路、轮船等）各种提供出行服务的网站、自助服务机（Kiosk）、终端等，提出了无障碍的建议。[①]

在出租车运输方面，1978年颁布的《残疾人法案》中明确规定，所有的公共运输公司都有义务为其区域内的残疾人提供特殊服务。2001年通过《出租汽车服务法》，规定为残疾人乘客提供交通服务。2004年12月，国民大会通过一项修订《残疾人法案》以及其他立法规定的法案，使得对此类服务的使用不断增加。为了响应法案的要求，所有自治市必须在其管辖范围内向特殊人群提供交通服务。《出租汽车服务法》明确规定，自2005年3月31日起，在公共运输公司所服务的区域范围内，每家经营规模达到20辆出租汽车的出租汽车公司必须保证至少有一辆专用出租汽车为残疾人提供服务。2006年，蒙特利尔市自行制定《出租汽车服务法规》，规定25家出租汽车公司中，每一家必须保证至少一辆专用出租汽车为残疾人提供相关服务。

在无障碍设施建设方面，政府出台了全覆盖的法律文件以保证无障碍友好环境的建设。例如，餐馆要开业，那么就必须要通过无障碍设施的验收；

---

① 无障碍法律法规介绍之加拿大，http://www.360doc.com/content/19/0517/04/59320440_836222037.shtml，2021-03-31。

公共场所的停车场必须设立多个专供残疾人使用的无障碍停车位，这些停车位必须设在最方便出入的地方，其他车辆不得停放，否则将会受到5000加元的高额罚款；公交车必须设有方便轮椅上下的设施、必须有轮椅固定的位置，否则就不得投入运营。①

二、加拿大无障碍交通出行的建设内容

（一）城市道路无障碍

城市道路是供城市车流和人流通行的设施，它连着整个城市的各个角落。自1988年以来，加拿大运输局就致力于通过无障碍交通网络保护残障人士的权利。创建无障碍法规、业务守则和指南，并积极推广。同时定期访问运输服务提供商，复查设备的无障碍情况。

2005年贝克一份题为《倒退：加拿大在国际背景下的无障碍交通出行状况》的报告显示加拿大无障碍状况正在倒退，特别是在无障碍交通出行状况方面。该报告将加拿大与其他国家相比，指出加拿大在残疾人交通政策方面的评分很低。

（二）公共服务设施无障碍

所谓"公共服务"，其应有之义就是应该让每个人都有机会享受到服务。作为这种服务的提供者，也应该让服务对象与他们联络沟通无障碍。公共服务场所无障碍包括城市的政府机关、宾馆、商场、学校、公共停车场、车站、机场、码头、轮渡等的无障碍设施建设情况。加拿大的无障碍设施建设已经深入到人们生活的每一个细节之中。加拿大是全世界公认的无障碍设施最完善的国家，残疾人的日常生活非常方便，同健全人相比几乎没有什么区别。

总体而言，加拿大无障碍设施具有下述两个特点。其一，设计合理。加拿大残疾人无障碍服务综合考虑残疾人、服务供应商、无障碍设计者、残疾人组织以及政府等多方的建议，从方便残疾人使用的角度出发，设计、建设和维护残疾人无障碍设施，投入使用之初会征求残疾人使用者的意见，一旦出现残疾人无法使用和不方便使用的问题，会立即得到修正和调节。其二，

---

① 加拿大残疾人事业考察报告——苏州市残疾人联合会赴加考察团，https://wenku.baidu.com/view/fc4290acd7bbfd0a79563c1ec5da50e2524dd1a2.html，2020-07-17。

设施健全。这不仅包括各种无障碍设施,且含有各种辅助设备都极为健全。在加拿大,几乎所有的公共场所都有为残疾人提供方便的无障碍设施设备,有无障碍坡道、残疾人专用卫生间、残疾人专用停车位、方便残疾人轮椅上下的升降梯,方便残疾人进出的电动门。每一部电梯都有方便残疾人的低位按钮,每一个按钮都有盲文的标识,每到一个楼层都会有语音的提示。这里的出租车公司配有专为残疾人提供服务的车辆,并贴有醒目的标志。在公园,都有供残疾人游览的专用路线,并提供专门的导游服务。[1]

(三)城市公共无障碍交通出行

技术和创新正帮助加拿大交通运输体系适应无障碍的需求。不同的城市,不同的区域,出租汽车在公共交通中的作用也有所不同。加拿大魁北克省出租汽车,在为残疾人提供交通工具等形式在公共交通中发挥着非常重要的作用。在加拿大魁北克省,出租汽车行业开始为特殊人群提供服务经历了一个发展过程。1979年,魁北克政府作为为公共交通服务提供资助的主导力量,专门针对残疾人制定了第一个为特殊人提供交通服务的政府扶持计划。1982年,出租汽车第一次为特殊人群提供交通服务。此后,出租汽车行业对特殊人群提供的交通服务力度在稳步增强。在1980年仅有9家公共交通机构为特殊人群提供交通服务。到2004年,已有102家公共交通机构开始执行相关规定。数十年间,享受到该服务的特殊人群人数急剧上涨,服务人群的范围达到了95%。政府预算也从165万美元(1980年)增长到了5600万美元左右(2004年)。

尽管公交汽车、地铁、有轨电车等采取各种无障碍措施,为残疾人士出行提供便利,但仍无法满足个性化需要。出租汽车在为残疾人士提供便利化、个性化、门到门服务方面,具有其他运输方式无法替代的优势,应当鼓励和支持出租汽车在为残疾人服务方面发挥独特作用。实践表明通过有效利用出租汽车,可以为更多的人提供参加各类活动的交通渠道,公民的生活质量也得到了提高。

(四)交通接驳无障碍建设

从行程规划及无障碍信息的获取到各个交通方式之间的衔接,加拿大力

---

[1] 加拿大残疾人事业考察报告 ——苏州市残疾人联合会赴加考察团, https://wenku.baidu.com/view/fc4290acd7bbfd0a79563c1ec5da50e2524dd1a2.html, 2020-07-17。

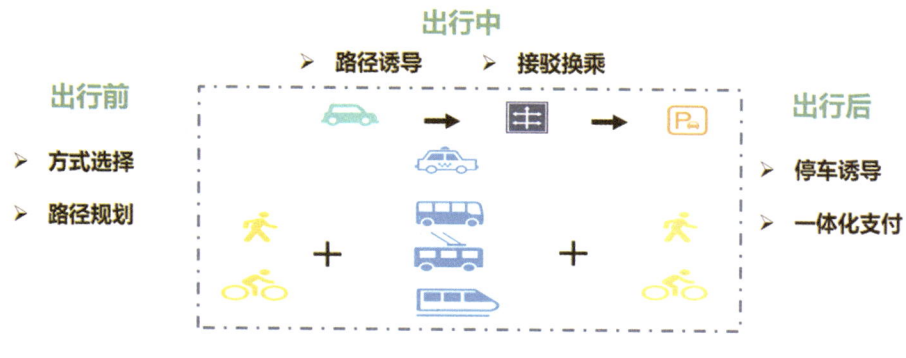

图 4-2-1 MAAS 服务内容
图片来源：https://www.sohu.com/a/256597752_468661

图实现公共交通的"门到门"服务。出行即服务（MAAS）（图 4-2-1），将来自不同出行服务提供商和不同交通工具的所有出行选择整合到一个移动服务中。该服务起源于赫尔辛基，自 2016 年起在当地可以使用手机软件针对该市的所有交通方式（公共或私营）制定出行计划，并支付费用。[①] 由于该服务不仅考虑了交通网络的实时情况，还考虑了每个用户的偏好，集共享、整合、服务和引导于一体，有效提升了以用户为中心的机动性。

（五）住房环境无障碍

无障碍住房作为残障者最后一道生活庇护，关系到残障人士独立生活能力、照顾者及社会负担、健康福祉、社会生产力等问题。拥有充足的、无障碍的、可负担的住房是衡量残障人士生活质量和幸福的重要指标。加拿大的无障碍住房起步较早。

加拿大抵押和住房公司（CMHC）是政府设立的解决加拿大公民住房问题的机构，目前管理五个加拿大残疾人无障碍住房计划：残疾人住宅康复援助计划（the Residential Rehabilitation Assistance Program for Persons with Disabilities RRAP-D），老年人独立生活的居家适应计划[the Home Adaptations for Seniors Independence Program（HASI）]住宅康复援助计划—第二套间/套房，住房改善计划（the Shelter Enhancement Program），灵活住房计划（Flex Housing）。这几个计划共同作用于残障人士无障碍使用住房。

---

① 老龄人口交通需求研究专家组.加拿大老龄化出行[M].刘晓菲，陈徐梅，高畅，译.北京：人民交通出版社股份有限公司，2019.

其中残障者住宅修复援助项目(RRAP)计划包括通过资助房屋产权人改造住房来帮助低收入残障住户、通过资助中老年残障者改造自有的中等或花园住宅来完善其无障碍环境、通过资助老年残障者改造住房来增进其独立生活能力等一系列资助计划和措施。同时，加拿大抵押与住房公司(CMHC)开发的Flex家园体系，是加拿大推动通用设计进入住房市场的另一个重要的标志性项目。Flex家园突出无障碍和通用设计原则，重点应对移动损伤(如杠杆式把手、位置方便的电源插座、低位的隔板和开关等)、平衡(如防滑地板、扶手栏杆、楼梯踏步高、宽一致)和持久力，使人们更容易地开展日常生活活动(如降低橱柜高度让人能够坐憩、缩短厨房和餐厅之间的距离、开关方便的门以及易于使用的电器产品等)。Flex家园在传统住宅设计的基础上进行改进，将适应性、无障碍、经济性和健康性原则集成为一体，试图以最少的成本来适应各种住户一生的需求变化。[①]

(六)无障碍社区建设

社区无障碍环境建设是指在社区辖区范围内或自然住宅建筑形成的居住小区内进行的无障碍环境建设。社区在消除障碍中发挥着至关重要的作用，加拿大以《加拿大无障碍法案》为依托，在残疾人社区及全体人民的共同努力下寻求新的方式打破现存障碍，从而实现真正意义上的无障碍。同时为使残疾人有更多的机会参与到社区活动等过程中，加拿大成立无障碍资助基金(EAF)，为打造更益于残疾人使用的社区及工作场所提供项目资金。其中社区无障碍基金项目通过修缮或新建的方式为残疾人提供设施及服务，从而提高加拿大社区的无障碍性及安全性。

三、加拿大无障碍交通出行的责任主体

加拿大各政府部门各司其职，相互协调，共同促进加拿大无障碍环境的发展。其中，信息与交流技术司负责信息处理与信息交流技术方面的管理事务。该部门认为新技术有潜在促进无障碍社会建设的作用，但新技术也常常带来新的障碍，为此采用了许多政策、法规来促进政府工作与服务的无障碍。例如，加拿大交通署负责交通运输服务及设施方面的障碍清除工作，确保无障碍交通

[①] 赵继龙，张田，唐一峰.国际无障碍住房发展策略浅析[J].工业建筑，2011，41(S1):9-12.

出行。该部门通过对上诉问题的解决，及无障碍交通出行有关法规标准的制定，确保交通运输领域的无障碍。人力资源与技能发展部日常工作大量涉及残障人士事务。涉及主要服务有：无障碍资助、就业资助等服务。

加拿大运输部（Transport Canada）作为无障碍交通出行政策制定者，根据相关法律的制定政策改善残障人士无障碍状况，并从联邦交通系统中清除残疾人使用各种交通工具过程中可能遇到的障碍。运输部与老年人、残疾人、政府和运输工业部门协商，制定了解决问题的方案和改善系统的方法。加拿大交通运输局（Canadian Transportation Agency）作为无障碍交通出行政策的管理者，主要管理加拿大交通运输法律法规和联邦政府交通政策。通过教育、咨询和法规建设等帮助建立无障碍交通运输系统。该机构的使命是管理联邦司法范围内所有运输方式，为使用飞机、铁路和轮船等交通运输设施的残障人士消除障碍。如果残疾人在使用联邦交通运输系统内的任何一种交通运输工具时遇到障碍，运输局会通过调节或者诉讼等方式解决。

以安大略省为例，2005年通过了《安大略残疾人无障碍法案》。该法案规定通过残疾人参与，联合安省政府、工业代表和经济部门代表共同制定和发展无障碍标准。该法规定成立标准发展委员会（Standards Development Committees），委员会的责任是为工业、经济部门和各阶层或者部门规定的组织订立无障碍标准，进一步定义部门条款规定的部分工业、经济部门、特定阶层的群体或组织。委员会的成员应当邀请残疾人（或残疾人代表）、工业或经济部门、社会群体阶层、无障碍标准将要适用的组织的代表及与此相关责任的部门代表参加。无障碍标准订立后，需提交审阅部门批准，并在无障碍委员会的督促下实施。实施后无障碍委员会应就无障碍标准的具体实施状况向安省议会提交报告。同时为了保障该法案和法规订立无障碍标准被实施和应用，相关部门应任命一个或多个督察进行监督。若有不遵守的个人或群体，应当进行惩罚，主要手段是罚款。①

2019年，加拿大无障碍标准发展组织（CASDO）② 成立。次年，《加拿大无

---

① http://www.e-laws. gov. on. ca/html/statutes/english/elaws_statutes_05a11 _e. htm Accessibility for Ontarians with Disabilities Act, 2005.
② 加拿大无障碍标准是根据《加拿大无障碍法案》创建的公共组织。加拿大无障碍获取标准是第一个由残疾人主导的联邦组织。它将成为政府制定无障碍标准的领导者。

障碍标准 2020—2021 部门计划》出台，对各部门的职责做出明确规定。加拿大无障碍标准组织为加拿大史上第一个该类组织，也是世界上少数组织之一，下属五个常设委员会。其中首席无障碍官员（CAO）将向无障碍部长提供建议，并对系统进行监督和提出新出现的无障碍问题；无障碍专员，他将根据立法带头开展遵守和执行活动。①董事会负责制定组织的战略和愿景，监督其活动并向首席执行官（CEO）提供建议。CEO 是全职工作，负责监督加拿大无障碍标准的活动，确保提供的服务和支持的质量。②该组织与加拿大各地的合作伙伴建立联系，并召集残疾人及其代表、本土居民及其组织、省（地区、市）政府及企业相关部门。

四、加拿大无障碍交通出行评价

第一，跨部门、跨领域、跨行业的规划正在成为主流。国际社会在达成共识的过程中，均通过长周期和不间断的无障碍建设计划进行推进，加拿大亦是如此。《加拿大无障碍标准 2020—2021 部门计划》的出台明晰了加拿大未来发展的总体规划和实施路线图。

第二，更具创新性的智能交通系统初见雏形。根据《交通运输 2030-加拿大未来交通运输战略》报告 (Transportation 2030-A Strategic Plan for the Future of Transportation in Canada)，加拿大未来交通系统发展将更加智能化。积极鼓励交通部门内部创新，资助交通创新项目；建立加拿大交通创新中心，以支持、激励其他所有交通方式的创新和试验；支持采用和引进先进交通技术，比如车辆联网 (CV) 和自动驾驶 (AV)。在 2030 年实现先进的加拿大现代交通系统。③

第三，区域差异性明显。1977 年加拿大人权委员会颁布《加拿大人权法》维护不同群体的无障碍权利，此外，还需通过联邦立法确保为残疾人提供有

---

① Canada : Canadas first federal accessibility legislation receives royal assent. (2019). MENA Report, Retrieved from https://search.proquest.com/docview/2245938865?accountid=8554.
② Organizational structure, https://accessible.canada.ca/organizational-structure, 2021-03-31.
③ 张亚.加拿大交通运输战略规划 (2030 年) 重点及未来交通发展趋势简析[J].科技视界，2018(23):264-266.

针对性的服务和方案。目前，加拿大项目与政策交叉，各省都有不同的照顾残障人士的法律，地区之间存在明显的不平等现象，[①] 无障碍交通出行也不例外。

第三节　德国的无障碍交通出行

一、欧洲无障碍交通出行发展现状

根据联合国残疾人权利公约，《欧洲无障碍法案》（EAA）是欧盟成员国立法（指南）的基础。这是一项旨在改善无障碍产品和服务的内部市场运作的指令，从而消除由欧盟成员国不同规则造成的障碍。

1. 加强城市公共无障碍交通出行设计

欧洲的公共交通已具备较为完善的无障碍体系，其中包括站点的无障碍建设、交通工具的无障碍建设、无障碍设施的安全性、信息的无障碍性以及无障碍的人性化服务等几个方面（表4-3-1）。

表4-3-1　欧洲无障碍公共交通设计措施

设计目标	设计措施
到地铁站和公交站点的可达性	多层站点的电梯具有可达性（宽度和高度控制，具有较大的操作标志，具有听觉传感器来提供交通信息，与广播系统自动连接）
	建立可达性标准（城市内公交和地铁站点必须实现可达性，与人行道相连接）
	提供进入地铁的坡道或者电梯
步行区域的安全性	足够的台阶和踏板，坡道最大坡度为5%，最大长度为6-10m。
	硬质地面和充足的排水

[①] Kovacs Burns, K., & Gordon, G. L. (2010). Analyzing the impact of disability legislation in canada and the united states. Journal of Disability Policy Studies, 20(4), 205-218. doi:http://dx.doi.org/10.1177/1044207309344562.

续表

设计目标	设计措施
步行区域的安全性	无障碍的环境，移除障碍物，消除间隙、警示标志等
站点的安全性	保障扶手、遮蔽空间和座位的全覆盖
	信息、计划和时间表放在较低位置
	提供无障碍厕所
为使用者提供信息和帮助	信息和引导系统应该具有合适的字体大小、颜色。标志和时间表清晰可见。紧急控制面板应该在轮椅可以获取的位置。
	采用特殊策略（例如提高楼梯线和高对比度的信息系统）
	基于应用程序的平台时间信息获取
	具有特殊特征的指示（低地板公交车）
	视觉和听觉的双重信息传达
	专门的售票机器，接受任何一种付款方式，易于残障人士学习使用
人性化服务	对员工进行特殊培训，以帮助障碍人士

在欧洲，城市公交车地板高度普遍低于35厘米，车辆内无台阶，装备空气悬挂系统和自动变速箱，具有低地板入口的公交车被广泛使用。这种客车特别适合于老年乘客、残疾乘客、带婴儿车以及带行李的乘客，上下车非常方便，乘客可以从两个或三个门迅速而轻松地进入或离开车厢，缩短了上下车的时间。

此外，欧洲发达的民间组织也是发展无障碍公交系统设计的一种驱动力和社会保障，许多地方政府都与地方组织、残疾人组织建立联系，从而加速了规划体系建设。

2. 重视铁路的无障碍环境建设

目前，每一列欧洲之星列车（图4-3-1）的一等座席车厢都设有一个轮椅空间，与其相邻的地方会设有可以坐轮椅使用的厕所和紧急按钮。欧洲之星为残疾乘客和与其同行的一名旅伴提供折扣票价，根据折扣，只需付二等座席的票价就能够享受一等座席。

图 4-3-1 欧洲之星列车
图片来源：ilan-travel.ittms.com.tw

此外，荷兰国家铁路运营商 NS 公司与庞巴迪—西门子联合公司签订合约，对其部分 Sprinter Lighttrains 动车组列车进行改造，使有视力障碍和行动不便的旅客出行更加方便。庞巴迪—西门子联合公司的技术服务人员为 NS 铁路公司的 131 列动车组进行了改装，包括在门口设置移动台阶、两个配备紧急按钮的专用轮椅空间以及一个巨大的残疾人专用厕所。技术人员还为列车增加了触觉信息系统，方便视力受损乘客在车厢内部导航使用。同时，每列改装后的动车组还将配备两个额外的自行车停放空间。此次改造是由庞巴迪—西门子联合公司与荷兰残疾人权益保障组织合作进行，该组织参与了部分设备的设计和测试环节，目前已有两列改造后的动车组投入使用。

二、德国无障碍交通出行发展现状

1. 德国无障碍交通发展法规和政策

为确保残疾人在日常生活中的各种权利不受损害，1998 年，德国政府颁布实施了《残疾人政策法案》(OPNV)。该法案是市政府、交通总公司、残疾人协会共同制定的。这部法案涵盖了各种生活细节，例如，规定餐馆不可因残疾人可能打扰其他客人而拒绝其进入；杂货店的货架高度要使坐在轮椅上的顾客可自由取下货物，否则要调低货架高度或由商店雇员提供协助服务。

这项法案对公共场所的规定尤为具体，如公共厕所必须有可供残疾人使用的厕所，公共汽车上必须设有残疾人专用座位，且车门口必须有供残疾人上下车用的升降梯等。如果违反这些规定遭到投诉，商家往往要赔一大笔钱。不过，该法案也规定因提供残疾人无障碍设施而导致成本增加，可以申请减税，最高年度减税额是1.5万欧元。在法律规定之外，很多部门还特别设置了一些照顾残疾人生活的措施。

德国为避免和减少对残疾人的歧视而制定的《残疾歧视法》（BGG）于2002年5月1日生效。交通部门是BGG的主要重点(BGG的第8条旨在提供无障碍运输)，它建立平等机会与无障碍运输通道。基于该法律基础，德国又陆续发布了《城市交通融资法》（GVFG）、《客运法》（PBefG）、《铁路建设和运营条例》（EBO）、《空中交通法》（LuftVG）和《联邦公路法》（FStrG）。例如，到2022年，德国《旅客运输法》将要求在公共交通中使用无障碍通道，目标是使所有人民都能获得交通服务，特别是考虑到有特殊流动需要的人。各种准则、标准和规范正在指导德国的无障碍交通基础设施发展和服务，包括德国联邦交通和数字基础设施部（BMVI）发布的《长途巴士服务无障碍手册》。这本手册概述了长途公共汽车服务的措施，包括从2020年1月起，所有公共汽车必须配备无障碍设备，比如为轮椅使用者配备至少两个座位。由BMVI与德国公共交通协会（VCV）发布的"无障碍的公共交通"，该文件概述了德国交通公司、公共交通当局和决策者为实现公共无障碍交通出行化所做的努力。它确定了存在的问题，而为车辆、运输基础设施、信息和服务提供了适当的解决方案和建议。

2. 德国无障碍交通出行基础设施投融资

德国交通基础设施的资金来源是多方面的：税收的份额（约占资金预算的三分之二）、HGV收费（用户融资）（约三分之一）和来自欧盟或通过政府和社会资本合作（PPP）的资金。

联邦各州有一定的基础设施建设的预算，它是用来融资各种运输方式所需的投资，例如联邦铁路、联邦干线道路和水道。联邦政府还向市政当局提供以改善当地交通条件的资金，市政当局可以决定如何使用这些资金。此外，政府和社会资本合作（PPP）也是提高交通基础设施融资效率的常见方式。

德国 BMVI 计划在未来几年，直到 2026 年，投资 50 亿欧元升级 3000 多个火车站。这项计划包括为 111 个较小车站（3.3 亿，每天最多 1000 名乘客）、50 个中型车站（3.3 亿，每天 1000—4000 名乘客）、50 个大中型车站（1.42 亿，每天最多 5 万名乘客）提供无障碍重新设计的资金，并瞄准平台高度、坡道、电梯、引导系统、标志和信息系统的改造。

德国国有银行 KfW 为城市、公共交通运营商和建筑公司提供为融资无障碍基础设施的项目。资助计划包括丰富的措施，例如公共建筑、交通布局和公共空间的无障碍重新设计。关于交通部门，这些项目的重点是地铁、铁路和电车站、天桥和地下通道以及数字辅助系统。在一般公共领域，这些方案包括降低人行道、盲人引导系统、无障碍公共卫生基础设施和无障碍游乐场。

3. 加强城市公共无障碍交通出行环境建设

历经多年的实践努力，柏林市完成了全市无障碍公共交通设施的应用与建设。在公共交通方面，柏林市无障碍公共设施设计工作处于领先地位。自 80 年代末公共交通公司全部购买具有人性化设计的汽车和低通道有轨电车，到 2006 年底，全市已有 77% 的有轨电车和 95% 的公交车辆符合无障碍要求。公共交通车站全部新建成具有轮椅通行的坡道和围栏，并添加了盲道等导盲设施。其次德国的公共交通非常准时，保证车次正常运转。公共交通的规划和布局也非常合理，不同路线的车之间有机地衔接。这些措施解决了老年人不能长时间步行和久站等问题，为老年人创造了一个良好的道路交通环境。此外，公交公司为残疾人提供优质服务。公交公司每周都安排一天培训员工如何为残疾人服务；所有公共巴士都有专门为残疾人提供服务的设备；公共巴士到站后，驾驶员会操作车身倾斜与站台保持平行，方便残疾人轮椅上下；如有盲人或上车有困难的残疾人上下车，驾驶员会主动下车提供服务；公交公司还有专门的团队为残疾人提供电话预约上门接送服务。

德国北威州的区域发展规划条例规定，城镇公共交通规划最少每 5 年需要重新审核或重新制定。因此，北威州很多城镇在 2016 年制定新一轮（2020—2025 年）公共交通规划中对无障碍公共交通给予高度关注。无障碍公共交通不仅要保证残疾人能够正常独立使用公共交通工具，也要保证出行有限制性人群使用公共交通工具的权益，例如使用婴儿车的乘客，以及出行有障碍的特殊人群。具体的无障碍公共交通标准包含以下几方面内容：无障碍

第四章　典型国家和地区无障碍交通出行的经验借鉴

图 4-3-2　德国的低通道有轨电车
图片来源：www.quanjing.com

公交车站基础设施、无障碍公共交通工具和车辆车次行驶信息等。公交车站路肩石（马路牙子）高度不得低于 18 厘米，需和公交车保持水平，方便轮椅乘客及携带婴儿推车乘客无障碍上下车（图 4-3-2）。车站应有提示盲道，提示上车具体位置，在重要换乘站，对视觉有障碍的乘客还应提供听觉方面的换乘信息和语音求助设施。

德国北威州小镇 Hattingen 从 1994 年将公交车站逐渐改建为无障碍车站，尽管如此，目前为止仅有 24% 的公交车站是无障碍公交车站。在 2022 年之前将所有公交车站全部改建为无障碍车站在财政方面有非常大的难度，因此，小镇在 2016 年制定的新一轮公共交通规划中，将日上车乘客数大于 200 人的公交车站列为重点改建对象，致力于将无障碍车站覆盖到更多的乘客群体。

4. 支持残疾人驾车出行

德国是个汽车工业大国，对残疾人考取驾照的规定很宽松，根据实际情况，允许残疾人驾驶汽车出行，残疾人停车优先。除盲人、弱智和高位截瘫等严重残疾外，只要有医生的证明，能通过考试，就可以拿到驾照。有这种车牌的汽车可以享受种种特权。德国所有停车场都为残疾人的车辆预留了停车位，其他车辆不得入内。在德国一些大城市，想在繁华的闹市区找到一个停车位很难，但拥有残疾人车牌的车辆就不必担心找不到车位。任何经营场所，无论车位多少，在最方便的地方总有残疾人专用停车位。

三、德国无障碍交通出行发展经验

德国火车、公共汽电车的无障碍设计，无障碍交通出行信息服务提供等方面，都值得我国学习借鉴（表4-3-2）。

表4-3-2　德国无障碍交通出行发展经验总结

可借鉴经验	具体内容
数据无障碍旅行辅助工具： 帮助制订出行计划和无障碍路线的手机APP	"Wheelmap"是一个由德国非营利组织创造的在线地图。在世界范围内，这张地图对无障碍的地方进行标记。任何人都可以在地图上找到并添加公共场所，可以根据一个简单的红绿灯系统给它们打分。
Access Berlin App	"Access Berlin App"包括轮椅出行或视障出行的选项模式。这个APP包括柏林市内地图、公交线路，以及无障碍景点、住宿、购物和地图的图片和说明。
德国铁路的无障碍服务中心	有特别的无障碍需求的乘客们可以预约在车站或旅行中的援助。

续表

可借鉴经验	具体内容
公共汽车的无障碍设计	在德国广泛使用的公共汽车,能够在右侧(车门)液压降下,以减少站台和公共汽车地板之间的高度差。
火车的无障碍设计	火车上的无障碍卫生间,方便残疾人、坐轮椅的人、推婴儿车的人等乘客使用。

四、德国无障碍交通出行评价

目前德国已进入深度老龄化社会,因此在城市建设中十分看重无障碍公共交通设施的普及和应用,其基于老龄化的无障碍公共交通设施建设始终受到政府的高度重视,联邦政府向联邦州和地方当局提供了发展和实施无障碍交通基础设施的重要财政支持。目前,德国仍面临着公共交通票价不断升高的挑战。据德国环境署称,公共交通的价格增幅是拥有私家车的成本的两倍。这些情况对残障人士的影响特别大。残疾人通常依赖公共交通工具出行,很少使用私家车。此外,德国还面临着人口老龄化问题,农村和农村地区的老年人口比例往往过高。在这些人口密度比较低的地区，民众往往得不到正规的公共交通服务，因为公共交通的成本比市区更高。此外，与非残障人士相比，有特殊行动需求的人的最后一英里公共交通的障碍相对较多。加强无障碍交通体系建设有助于德国进一步完善交通出行服务，使城市和农村地区更加繁荣。

第四节 美国的无障碍交通出行

一、美国的无障碍交通出行发展现状

无障碍环境是残疾人参与社会生活的基本条件，是方便老年人、妇女、儿童和全社会成员的重要措施，也是完善城市功能不可或缺的基本元素。

（一）城市公共无障碍交通出行体系建设

城市的交通出行不仅是一个技术问题，还是一个社会问题。[①]

1. 公交巴士无障碍建设

公交出行无障碍环境是指人们在公交站点等候、获取公交信息、上下车这一过程中，都能平等、安全、便捷地完成乘车活动。

美国各地都可以找到类似 TriMet 的巴士系统，在此系统中所有 TriMet 公交车（图 4-4-1）都可通过电动升降机或登机坡道完全进入，且坐轮椅的人可享受票价折扣及前方优先位置。在火车乘使方面，也有类似的系统——MAX Light Rail 火车系统。所有火车均设有轮椅坡道，与城市公交车相同，这些火车也保留了特定区域作为轮椅乘客的优先座位。无障碍出租车也是残障人士出行的最佳选择之一，提前致电当地的出租车公司或网上预订即可享受

---

① 冉－弗朗索瓦·杜雷.城市机动性——城市研究的新概念框架[J].城市规划汇刊，2004(2):90-92.

图 4-4-1　TriMet 公交车
图片来源：https://news.trimet.org

此服务，百老汇出租车或波特兰绿色出租车最受欢迎。[1] 从公交系统看，纽约市全部 5700 多辆公交车中，任意一辆车上都有两个轮椅专区，且车门处设计便于轮椅上下车。此外，20% 的地铁线路和一些出租车也配备了无障碍设施。

1990 年美国通过《美国残疾人法案》，提出了关于公共汽车、城市公交车以及面包车的无障碍引导措施，确保了运输车辆对残疾人无障碍并且便于单独使用，并依照法案改装和购置车辆。法案对于可达性和机动性、信息的获取性和不同车辆的无障碍设计都提出了具体的要求[2]：(1) 所有车辆都提供高差变化机制或者登机设备（如电梯或者坡道）；(2) 门、台阶和门槛必须防滑，在边缘处提供颜色、触觉的对比带；(3) 公共交通必须提供保护符号 S 的优先座位；(4) 所有公共交通应该提供符合设计规范的扶手和支柱；(5) 在所有的无障碍设施中提供照明设施；(6) 公共交通须配置报站、固定路线查询服务、数

---

[1] Welcome — Curb Free with Cory Lee: A Wheelchair Travel Blog , curbfreewithcorylee.com, 2021-03-31.
[2] ADA Accessibility Guidelines for Transportation Vehicles[S].

字化的语音信息和提供车辆以及其他乘客信息；(7) 残障人士可随时提出停车请求；(8) 站点和路线标志必须满足固定的宽度和字体大小，并具有充足的照明。①

此后，由 ADA 发展而来的《美国残疾人法案——建筑物和设施的无障碍指南》对公交站点的公交乘车区、候车亭、公交站标识字体、坐凳等无障碍设计做出规定（表 4-4-1、表 4-4-2）。②

表 4-4-1 美国公交站点无障碍要求

区域	设计要求
公交乘车区	公交站点地面的材质要坚固、稳定。
	公交乘车区的最小净尺寸：长 96 英尺(2440mm)，宽 60 英尺(1525mm)；排水坡度最大不超过 1：5。
候车亭的设计	新建或重新维修的候车亭，必须保证有一块净尺寸为 30×48 英尺(762mm×1219mm) 的等候区域；并且确保候车亭到乘车区域之间的路径没有阻碍。
	公交候车亭内的等候区域不能替代轮椅候车区；候车亭与相邻的人行道之间应保证 36 英尺(914mm) 的净宽。
公交站标识字体	公交站点标识的字体有明确要求，文字与数字宽度与高度的比值分别为 3：5 和 1：1。
	文字与数字的大小应考虑视距。
坐凳	坐凳的尺寸要求是：宽 20-24 英寸 (510 mm–610mm)，长最小为 42 英寸 (1065mm)，高 17-19 英寸 (430mm–485mm)。

表 4-4-2 美国各种交通设施与车辆的无障碍最低标准③

车辆类型	需要无障碍化的设施
公共汽车系统	升降辅助装置，门/台阶/门槛，老弱病残者专座标志，内部通道/扶手/支柱，照明设备，售票箱，公共信息系统，公共汽车站，终点和路线设计
快速有轨车辆系统	车门口，老弱病残者专座标志，内部通道/扶手/支柱，地板表面，公共信息系统，车厢间的障碍

---

① 张晓，牛元莎，宋敏.基于社会公平的无障碍交通发展模式 [J]. 建设科技，2015(24):88-90.
② Department of Justice.2010ADA STANDARDS FOR ACCESSIBLE DESIGN[S].http://www.ada.gov/regs2010/2010 ADA Standards/2010 ADA Standards.pdf, 2010-09-15/2011-01-02.
③ 闫蕊.美国的无障碍环境建设 [J]. 社会保障研究（北京），2007(01):199-208.

续表

车辆类型	需要无障碍化的设施
轻型有轨车辆系统	车门口, 老弱病残者专座标志, 内部通道/扶手/支柱, 地板/台阶/门槛, 照明设备, 升降辅助装置, 车厢间的障碍, 公共信息系统
城际铁路系统	车门口, 升降辅助装置, 内部通道/扶手/支柱, 照明设备, 公共信息系统, 老弱病残者专座标志, 卫生间, 车厢间的障碍
长途铁路系统	车门口, 内部通道/扶手/支柱, 地板/台阶/门槛, 照明设备, 公共信息系统, 卫生间, 升降辅助装置, 卧铺车厢
长途公共汽车系统	门/台阶/门槛, 内部通道/扶手/支柱, 灯光照明, 升降辅助装置, 走廊移动扶手
其他车辆系统	也都是根据各自的需要来设计无障碍设施的

在美国大多数公共汽车都有盲文的公共汽车号码, 巴士驾驶员座舱前方、巴士尾部最靠近后门的垂直扶手右侧的铭牌上可以看到（图 4-4-2）。所有的新巴士都有数字信息屏幕和自动音频通知, 可以为乘客提供路线、方向和车站信息以及 PSAs。原有公交巴士也在对屏幕和自动广播系统进行改装。[1]

图 4-4-2 公交车盲文铭牌
图片来源: Guide to Accessible Transit on Buses and SubwaysMN

---

[1] Guide to Accessible Transit on Buses and SubwaysMN , chrome-extension://cdonnmffkdaoajfknoeeecmchibpmkmg/assets/pdf/web/viewer.html?file=https%3A%2F%2Fnew.mta.info%2Fdocument%2F25966, 2021-03-15.

2. 地铁无障碍建设

美国是地铁建设起步最早的国家之一，早年的地铁设施比较落后、改造困难，因此美国的地铁无障碍建设并非单纯追求硬件设施的完美，而是采取完善无障碍信息传递、优化服务机制的方式达到无障碍交通出行的目的。

以美国马萨诸塞州为例，该州的无障碍公共交通由MBTA公司运营管理。MBTA在地铁无障碍交通出行方面采取了一系列措施，包括为残疾人和老年客户提供50%以上的减价折扣；开发"T"形交通指南（一种提供有关辅助功能、客户体验和所有MBTA固定路线运输方式的旅程信息的互动式指南[①]）；在官网上提供每条地铁路线及站点的详细地图及其所具有的无障碍服务设施，使人们可以清晰明了地查询各站点的无障碍设施设置情况，为残疾人和老年人乘坐地铁出行创造了方便。[②]美国的无障碍交通出行信息共享做得十分到位，在MBTA官网可以查询到各种交通出行方式的指引，部分指南配备多语言模式，为不同种族的人提供了便利，体现了美国多民族国家的特色。

3. 交通接驳无障碍建设

美国为残障人士出行提供门到门服务，即残障人士从出家门到进入社会（包括人行道、中转站、交通工具、目的地）全过程的无障碍通行。连续性是无障碍交通的基本要求，美国把发展具有连续性的无障碍公交系统作为一个重要内容，在交通信息获取、交通工具乘坐，交通工具之间以及和步行之间的换乘等几个方面实现连续性。例如MTA New York City Transit（NYCT）AAR[③]辅助客运服务为有因残障而无法使用公共汽车和地铁的顾客提供公共交通接送服务。

（二）环境设施无障碍建设

无障碍设施是指保障残疾人、老年人、孕妇、儿童等社会成员通行安全

[①] Accessibility at the T. Massachusetts Bay Transportation Authority. http://translate.google.com/translate?hl=en&sl=auto&tl=zhTW&u=http%3A%2F%2Fwww.mbta.com%2F，2021-03-31.

[②] 赵立志，杨戈，周庆，张昱朔，邱月.中外城市环境无障碍建设的比较与反思[J].城市发展研究，2014，21(4):4-7.

[③] AAR服务运营范围为：纽约市（NYC）五大区（布鲁克林、布朗克斯、曼哈顿、史泰登岛和皇后区）内以及在没有固定路线服务的四分之三英里地带内，跨越纽约市边界线，前往拿骚县和韦斯切斯特县的附近地区。

和使用便利,在建设工程中配套建设的服务设施。包括无障碍通道(路)、电(楼)梯、平台、房间、洗手间(厕所)、席位、盲文标识和音响提示、通讯及与生活相关的无障碍扶手、沐浴凳等设施。

截至目前,美国无障碍设施设计已经发展得比较完善,功能日趋齐全,各种无障碍设施既有全方位的布局,又与建筑艺术协调统一,给各类人群带来了方便与安全。无障碍设施最常见于建筑物的门口,除台阶、楼梯之外,还有供轮椅通行的坡道。联合国总部、国会大厦、总统府白宫、最高法院、林肯纪念堂、国家图书馆等政府机构和很多博物馆、餐厅、宾馆、超市、游乐园等公共场所都有这种坡道。在美国,无论是大型商场还是路边加油站,都设有设施齐全的残疾人专用厕位。[1] 在美国如果在无障碍停车位停车,要被罚款、进监狱或在社区做义工。无论乘车、乘机或参观、购物,残疾人都有专用通道并有专人接送。基础设施方面,带键盘的电话、闪灯门铃等也为人们的日常生活提供了便利。

美国在制定和贯彻执行无障碍设计技术法规的过程中都进行了大量研究和试验工作,如在一些大专院校设立无障碍技术基本数据测试的专题项目,为制定标准规范提供依据。一般而言,联邦准则和地方法规为残障人士提供进入建筑物和设施的最低要求。一些州和地方可以在此基础上通过州建筑法规和当地法令增添无障碍要求。包括无障碍停车,进出建筑物的无障碍通道,清洁饮水机等装置的地面空间,无障碍电灯开关等操作的范围,声音和视觉警报等。其中《ADA-ABA 建筑物和设施的无障碍指南》的设立融合了《建筑壁垒法》(由联邦资金建造,翻新或租赁的建筑物或设施)和《美国残疾人法》的无障碍指南(州和地方设施,公共场所和商业建筑物)的要求。[2]

此外无障碍设施的保养也十分重要。ADA,ADA-ABA 无障碍指南和国际建筑法规(IBC)要求维护设施的无障碍功能。ADA 36.211 部分"无障碍功能维护"标明:(a)公共场所应保持该法令或本部分要求残疾人易于使用的

---

[1] 缪小龙.超越环境障碍 共享社会文明——美加城市无障碍设施建设考察与思考[J].福建建设科技,2004(2):22-23.

[2] ADA Approved and Other Accessible Product Myths - National Center on Accessibility,https://nca.eppley.org/ada-approved-and-other-accessible-product-myths/,2021-03-31.

设施和设备的功能处于可操作的工作状态。(b)本节不禁止由于维护或修理而孤立或暂时中断服务或访问。ADA / ABA 无障碍指南 202.3.1 中也规定"禁止在建筑物维护时将建筑物或设施的无障碍性降低至低于新建筑要求。"①

(三)住房环境无障碍

美国没有全国性的住房改造计划,非营利性机构参与一小部分住房改造活动。住房改造资助主要来自于住房与城市发展部(HUD)、健康与居民服务部(HHS)以及医疗补助和国内税收部,资助金分散于税收抵免、免除抵押利息、住房补贴、奖助金等各方面,在某些州,医疗保险可以提供一些住房改建资金。但是总而言之,美国用于住房改造的补贴是有限的,并不能够满足所有残障者的需要,更多的是一种意在引导住房无障碍化改建的鼓励措施。

在无障碍住房数量增加后,如何构建充分流通的有效途径,以利于残障者及时有效地获取成为突出问题。国际上较为通行的方法是对符合无障碍标准的住房实行注册登记制度,以中介服务的方式有组织地向残障者提供购房或租房信息,便于他们根据自己的需求进行选择。一些国家通过地方政府和非营利组织,在地方一级建立了注册制度,美国在全国范围内建立起统一的服务网络。美国在全国19个州设立了无障碍住房登记处,11个州建立起最完善的服务网络。尽管各州的登记信息在数量、翔实程度及关注点上有所差异,但对于无障碍住房与残障者之间进行双向选择起到了基础性的作用。

美国有条不紊地将立法监管、政策鼓励和多方协作三者结合起来,取得了良好的效果。同时还通过住房登记制度,把房源信息与需求信息联系起来,有效地促进了无障碍住房的充分流通和合理利用。将普通住宅无障碍化,而不是把残障者困囿于特定环境中,将更加有利于社会融合,因而是未来的必然趋势。②

(四)无障碍社区建设

社区是有无障碍需求的残疾人、老年人居住及日常活动的主要空间载体,在提供服务方面具有不容忽视的优势,可以延展无障碍交通出行的受益范围,拓宽受益群体,有利于实现有需求人群与社区的双向融合。

---

① ADA Approved and Other Accessible Product Myths – National Center on Accessibility,https://nca.eppley.org/ada-approved-and-other-accessible-product-myths/,2021-03-31.
② 赵继龙,张田,唐一峰.国际无障碍住房发展策略浅析[J].工业建筑,2011,41(S1):9-12.

欧美等发达国家社区建设从20世纪便关注不同人群在社区中的无障碍差异化需求，强调把无障碍需求融入城市与社区治理中。在美国，养老社区一般分为四类，其中生活协助型社区亦称无障碍社区，在过去几年发展最快。社区为老年人提供餐饮、短途交通、定期体检等基础服务，同时提供其他生活辅助服务及特殊护理等收费服务。无障碍社区开发运营需得到州政府授权，并与医院和专业护理机构建立紧密合作。在普通社区中，社区内公共服务设施、社区道路、绿化地、活动场所和残疾人及老年人家庭无障碍建设都是社区无障碍交通出行创建的重点。社区的无障碍交通出行环境有赖于硬件基础设施、道路、排水系统、路灯、绿化景观等全方位考量。例如：针对视觉不敏感障碍者，综合绿化景观色彩、造型，选用色彩鲜艳突出的植物作前景，使其更易于区分硬景与软景；同时运用反光灯或颜色醒目的扶手辅助出行。

二、美国无障碍交通出行的法律体系

（一）美国无障碍出行的法规体系建设

无障碍交通出行的权利和设施完善在美国无障碍相关法律体系的不断健全中得到实现。美国无障碍的发展，是通过立法来实现的，历经了从面向残疾人到"通用"的过程。美国作为典型的联邦制国家，联邦政府颁布了无障碍相关法律法规，并在全美范围内具有约束效力；同时各州根据各自特点对无障碍的立法各有规定，一般情况下州立法比联邦立法更为严格。[1] 其中联邦无障碍法律体系主要包括法律法规、参考标准、指导方针与技术手册三部分。

美国是世界上第一个制定"无障碍标准"的国家，1959年便提出《无障碍环境》设计标准[2]。最早的无障碍设计是为了照顾第二次世界大战的残疾军人，而后，由于小汽车车祸率的上升和人口老龄化的加剧，弱势群体数量增加，美国的无障碍设计逐渐转向通用设计，设计对象由早期少数的身心障碍者逐渐扩大到普通人群，设施的建设也扩大到普通设施的无障碍化。[3]

---

[1] 美国无障碍建设情况[OL].〈http://www.bdpf.org.cn/ztbd/wzazyzx/gjzx/4724.htm〉.2006.
[2] 章品, 赵媛.美国信息无障碍法律法规研究[J].情报理论与实践, 2010, 33(5):116-119.
[3] 曾思瑜.从"无障碍设计"到"通用设计"——美日两国无障碍环境理念变通与发展设计过程[J].设计学报, 2003, 8(2):57-76.

1961年，美国国家标准协会(NASI)制定了世界上第一个无障碍标准，规定了对无障碍设施的最低要求，并通过立法使其具有强制性。[1] 1968年国会通过了《建筑无障碍条例》，提出了使残疾人平等参与社会生活，在公共建筑、交通设施及住宅中实施无障碍设计的要求，并规定所有联邦政府投资的项目必须实施无障碍设计。为了从根本上转变观念，美国许多高等院校建筑系，专门设立无障碍设计技术课程，作为必须训练的一项基本功。[2] 1973年修订《康复法》，禁止在公共场合对残障者以残障为理由的歧视；同年制定《联邦干线道路法》，消除人行道和车道之间的高差；1974年设置"联邦建筑/改善交通残障委员会（US ATBCB）"；1976年修订了《关于建筑残障的法律》，规定残疾人出入建筑物应达到无障碍的目的；1982年美国民间航空局颁布了《航空业者禁止歧视残障者》，保障了残疾人在使用航空工具时拥有平等待遇；1988年制定《公平住宅修正法》(FHAA)。1992年颁布实施了美国残疾人法案，法案规定大型公共服务机构门口有台阶的地方必须有轮椅通道；在进门的地方，如果不是自动感应式开门或专人开门，就必须安装残疾人专用开门器；公共场所必须有可供残疾人使用的厕所；公共汽车上必须设有残疾人专用座位，且车门口必须有供残疾人上车用的升降梯等。所有的设施和服务都必须能够为残疾人所享用。旅馆、饭店和其他娱乐场所必须同等地为残疾人提供服务。凡是不符合要求的公共场所，即使是国会山庄和总统府白宫也无一例外地照章改建……[3]（表4-4-3）。

表4-4-3 美国无障碍立法历程

名　称	时间	主要内容
《便于肢体残疾人进入及使用的建筑和设施的美国标准说明》(ASA)	1961年	世界上最早的一部建筑无障碍标准。为残疾人平等享用公共建筑、交通和其他服务的权利提供了法律保障，是ADA法案的基础。
国会制定《残疾人雇佣法案》	1961年	残疾人的教育、就业问题。

---

[1] 熊志平.城市公共交通系统对残疾人适应性评价研究[D].成都：西南交通大学，2009.
[2] 本刊编辑部.各有特色 国外无障碍建设可圈可点[J].中国建设信息，2008(11):58-61.
[3] 缪小龙.超越环境障碍 共享社会文明——美加城市无障碍设施建设考察与思考[J].福建建设科技，2004(2):22-23.

续表

名　称	时间	主要内容
《美国人权法案》	1964 年	强调性别、种族等内容，没有写入残障问题。
《公平住房法案》(FHA)	1968 年	禁止住房差别对待。
	1988 年	修订《公平住房补充法案》。 民间住宅也必须考虑无障碍设计。
	1998 年	禁止公共部门和私有部门对残疾人的住房歧视，同时禁止销售和租用住房中的对残疾人的歧视行为。
《建筑无障碍行动法案》	1968 年	美国最早为无障碍环境建设设立的法案。 强调公共设施、住宅等可接近。
"住宅与城市发展部"（HUD）发布"建筑最低标准"	1973 年	老年住宅需设计 10% 无障碍住户，政府补助兴建的住宅须有一定比例的残疾人住户。
《康复法》	1973 年	禁止在政府组织的行动或活动中对残障人士差别对待，规定在教育方面给残障人士同等权利与便利。
	1974 年	修订《康复法》。明确定义老年人相当于残疾人，并增加智力残疾类型。
	1998 年	《康复法》修改法案。修改第 508 节以确保联邦部门的电子和信息技术无障碍化。
《无障碍设计最低需求指南》（MGRAD）	1982 年	《建筑障碍法》配套设计规范。
《美国残疾人法》(ADA)	1990 年 6 月	增加了残疾人享有公共交通、公共建筑、电话等服务设施的权利，进一步保障残疾人的就业权利，增加了雇主必须提供残疾人在工作上的合理 (Reasonable Accommodation) 协助，以及规定雇主需要在公司提供无障碍设施。 为残疾人更广泛地参与社会公共活动提供法律保障，同时为实施建筑无障碍环境奠定了基础。标志着美国开始进入通用设计时代
	1991 年	美国国会针对 ADA 法案的第二部分和第三部分做出修改。

续表

名　称	时间	主要内容
《美国残疾人法》(ADA)	2010年	ADA法案重新修订，细化了交通、公共空间、电子通讯领域的服务保障。 目前包括五个主要方面的内容：(1) 雇工法案；(2) 城市的公共服务、公共交通和各类公共设施；(3) 城市公共商业设施；(4) 电信通讯；(5) 其他法律法规[①]。
美国政府通过《通讯法案》	1996年	促进信息通讯范畴的无障碍设计。
《老年和残疾人选举无障碍法案》	2002年	该法要求在联邦选举中投票地点无障碍，并使登记与投票辅助工具无障碍。

（二）美国无障碍交通出行的责任主体

美国的无障碍交通出行建设集立法、标准、教育、科研、监督、管理于一体，需要多方参与及配合。[②]

美国是联邦制国家，立法、行政和司法三种国家权力分别由不同机关掌握，各自独立行使、相互制约制衡。联邦层面主要是制定无障碍环境建设相关法案、执行法案、完善法案，不负责并且很少涉足建筑技术法规；建筑技术法规属于各州政府职责范围，由各州市县政府颁布实施建筑技术法规。根据美国宪法规定，各州有很强的自治权，同时由于各州的气候、地质等具体情况存在很大的差异性，各州均有适应自身特点的无障碍技术法规，在制定技术法规中由各州、县市议会讨论决定是否采纳或采纳多少联邦法律条款。[③]

美国无障碍大环境的建设是各个主体共同科学协调的结果。其中，国家标准协会主要负责协调、制定指导原则和最低要求。无障碍委员会主要参与和制定无障碍法律、法规、实施细则和监督无障碍法规的实施。其他的服务包括为无障碍实施细则和标准提供技术支持和培训，以及联邦资助设施

---

① U.S.Architectural and Transportation Barriers Compliance Board (Access Board). "Americans with Disabilities Act (ADA) --Accessibility Guidelines for Buildings and Facilities".

② 邱秀文. 美国无障碍通行技术实施见闻[J]. 建筑学报，1988(4):33-38.

③ 赵尤阳. 美国无障碍环境建设法律法规和运行机制研究[J]. 建设科技，2019(11):28-33.

标准的实施，还通过目标超越、信息发布和发起研究来提升无障碍建设。委员会的一个重要目标是提供无障碍设计的信息资源。建筑与交通障碍执管部（1972）接受各种违犯技术条例工程项目的诉请，并负责协调劝解，提供技术指导和咨询服务；开展专门技术的资料搜集、图书服务、指导研究、工程咨询等工作。各地方州、市政府的相应管理部门，负责实施并制定各项细则，承担审核图纸、提供咨询建议、验收工程、核发建筑物使用执照等工作。

美国正逐渐分解无障碍环境建设的任务要求，并加强残疾人作为无障碍环境使用主体的参与力度。以金斯顿市为例，金斯顿市各相关部门及单位出台了相应的无障碍环境建设规划，如《女王大学无障碍环境建设规划（2016—2025）》《圣劳伦斯学院无障碍环境建设规划（2016—2025）》。将建设任务分解至各个城市功能空间，由各功能空间的责任主体施行具体的无障碍建设计划。2020年，美国交通部构建了智能交通发展的完整生态，ITS JPO 统筹构建智能交通架构和技术标准，搭建智能交通专业能力，协同联邦公路管理局、联邦运输管理局等多部门以及专业团体、学术机构，共同推进智能交通技术部署应用。

2021年1月发布的《DOT Draft Strategic Plan on Accessible Transportation》中指出无障碍交通出行需要建立广泛的伙伴关系。交通部将与其他联邦机构、州政府、城市规划组织、地方交通机构、私营部门和其他利益相关者合作，使现有的交通基础设施无障碍。此外，交通部将鼓励在设计新的交通项目时考虑到所有用户。鉴于基础设施维护可能会对无障碍产生影响，交通部还将通过当前的拨款计划解决无障碍问题，并优先考虑保持基础设施的良好维护。[①] 同时倡导公众的广泛参与，在整个交通规划和项目开发过程中，公众参与包括残疾人的参与，对于为所有人提供安全、无障碍和可靠的交通系统至关重要。推进各种虚拟工具和技术的使用，可以更好地理解复杂的技术规划和项目开发信息。为公众参与提供有效的无障碍机制具有重要意义，此举可以重新塑造为所有人服务的交通系统。

无障碍交通出行的发展亦离不开人才的培养与产业生态的支撑。高校是无障碍交通出行建设的重要一环，教育科研对无障碍交通出行具有支持作

---

① USDOT_Accessibility Plan Framing.

用。在教育领域，多数大学在原有院系基础上，增设了无障碍研究相关专业，亦有相关教授和学生以自己专业为基础，进行无障碍方面的研究。此外，各种专业的研究所也从事无障碍技术、无障碍设计、无障碍交通出行的研究及产品研发。有关技术基础研究工作先行于立法且不断深化，研究工作是立法的依据，亦是基础创新的先导。如轮椅的尺寸及版型、辅助器具的最狭宽度、厢体按钮的最高尺度等，都需通过大量调研与试验，才能最终确定。此外，为盲人需要而设置的不同地面材料及为各种类型残疾人设计的产品，都是基础研究课题。研究工作由高等院校的专业人员进行，政府立项拨款，如：美国纽约州立大学建筑系已从事无障碍技术研究工作15年，拥有专门的实验室和研究室。

三、美国无障碍交通出行的发展趋势

在美国，"全链条无障碍智能出行服务"正在成为主流。以金斯顿市为例，2012年制定《无障碍交通服务手册》，围绕如何获取交通信息、公交车及其设备无障碍、公交站点及站台无障碍、公交线路及行程表安排、相关服务与规定、出行安全与应急措施等六个方面作出详细规定。系统性地考虑为残障人士等有需要者谋求更好的服务体验。近期，美国ITS JPO[①]协同美国交通部联合发布的《智能交通系统战略规划2020—2025》显示，完整出行（ITS4US）是下一阶段无障碍交通出行发展的重点之一。旨在通过ITS新技术、鼓励公私合作等一系列措施消除"交通荒漠"，为所有的出行者（包括残障人士、农村地区出行者、交通设施尚不完善的偏远地区居民、交通出行方式受限的低收入出行者、老人、退伍军人、语言障碍者等弱势群体）提供可选择的、全链条的智能出行服务。该规划预计在2020年3月正式施行，预计投资4000万美元，重点在行程规划、无障碍公交、户外及室内导航等方面形成可复制的出行模式，预计未来三年实现无障碍公交的残疾人出行满意度达80%、预约出行者的时间减少40%、路口事故率减少20%等目标。

---

① ITS JPO是美国交通部下属的智能交通发展专项办公室，其主要任务是协调美国交通部的跨部门ITS技术研究计划，加速ITS技术普及，以提高交通安全性、移动性和运输效率。

总体上看,《美国残疾人保护法》1990年签署生效后,为残疾人在使用社会服务设施、出入公共场所和就业等方面提供了极大便利。这部法案也因此被视为美国助残事业进入"无障碍时代"的标志。30年后,美国残障人士的无障碍生活环境得到改善,但理想中的无障碍时代还未到来。

第五章
我国无障碍交通出行的发展思路

第一节　无障碍交通出行体系及构成

未来 30 余年，我国将进入工业化中后期和后工业化发展阶段，经济增长中的"量"不再是最重要的问题，处于高水平上的"质"的需求将成为更受重视的关注点。在新型工业化、城镇化背景下，交通运输需求在继续增长的同时，更加趋向多元化、个性化、品质化，更加注重公平性，亟须建立无障碍交通出行体系，以满足老年人、残疾人等不同群体的出行需求。

无障碍交通出行体系应是以服务旅客为核心，围绕旅客服务建立的一整套服务系统，包括制度、标准、流程、架构、设施、设备、标识、人员等软硬件。无障碍交通出行体系的宗旨是从残疾人、老年人等旅客的实际需求出发，为其提供全方位、人性化的服务。以最专业的队伍、最智能的设备、最全面的体系，及时精准全面地关注并响应残疾人、老年人的每一个服务需求。

一、价值理念

当今世界，维护不同社会群体公平参与交通的权利成为许多国家交通发展的基本要求。从战略层面看，公平应成为我国新时期交通发展新的价值取向，并同安全、高效、便利、经济、可持续等共同构成一个完整的交通科学发展价值体系。

未来，交通运输发展的价值取向更加多元化，基于交通运输产业与国民经济、环境资源的平衡发展，持续更加快速、高效、灵活的传统发展导向，同时更加注重人文关怀，追求更加高端、公平的服务，以支撑我国交通强国的建设。

发展理念由"以物为本"向"人民交通"转变，由规模扩张式发展向注重安全、公平、环保、舒适、便捷的人性化发展转变，促进交通运输的可持续发展。

随着经济社会发展水平的提高，交通运输的人文底线将显著提升，更加尊重生命，更为关注公平，给予更多人群更好生存、出行的条件，构建安全、便捷、舒适、温馨的无障碍交通出行服务体系。

未来，将通过无障碍交通出行环境建设对交通系统的功能进行优化，减少服务对象交通出行过程中遇到的各种障碍，创造一个平等使用交通运输服务的社会环境，建设一个公平、绿色、可持续发展的宜行环境。以解决残疾人、老年人无障碍日常出行、获取信息为重点，全面提升城乡无障碍环境建设水平。

二、体系构成

根据交通运输系统构成，结合无障碍发展要求，无障碍交通出行体系框架可分为四层，包括：制度文化、基础设施、信息化及运输服务。制度文化包括国家及交通行业颁布的无障碍环境建设、无障碍服务等方面的法律、法规、政策及标准，还包括无障碍交通出行服务的理念和方针目标等。基础设施主要包括综合客运枢纽、汽车客运站、公交枢纽站等各类型客运枢纽站场，公路服务区等服务设施，以及无障碍的载运工具。交通信息无障碍主要指通过信息化手段，为任何人提供便捷、准确的交通出行信息，主要包括无障碍信息交互设备以及无障碍的信息交互方式等。运输服务的无障碍主要指交通运输企业通过教育培训，为老年人、残疾人等提供舒心的爱心帮扶服务，解决无障碍交通出行服务问题。未来，要着力从这四个方面逐步构建无障碍交通出行体系，促进基本公共服务均等化，为老年人、残疾人参与社会生活、获得公共交通服务创造更好条件。

未来，随着老龄化社会的到来以及经济社会的发展变化，残疾人、老年人等对运输服务的质量要求也会越来越高。交通运输应遵循运输需求的发展趋势，进一步完善基础设施，不断提高服务水平，提供公平的无障碍交通出行服务。

进一步加强交通设施建设和改造，构建衔接紧密、协调一体、立体高效、通用无障碍的交通基础设施网络。发展智能化、绿色化、无障碍的配套设施设备，深入开展信息交流无障碍建设。提供人文关怀、响应式、个性化的运输服务。在制度文化方面，推动交通体制机制进一步完善，完善无障碍环境建设相关政策标准，促进基本公共服务均等化。出台一系列无障碍环境建设的政策、标准，健全无障碍基本公共服务，为残疾人参与社会生活、获得公共服务创造更好条件。交通理念进一步创新，提升现代文明性。

第二节　无障碍交通出行体系的内容

一、政策无障碍

在老龄化提速的大背景下，系统规划，补齐短板，同步建设，构建完善的城市无障碍交通出行环境已变得尤为迫切。构建无障碍交通出行环境体系，应从点、线、面三个层面着手，将慢行通道、常规公共交通、轨道交通、综合客运枢纽、交通工具、无障碍导盲系统、交通标识及运输服务等涵盖其中，构建基于旅客出行链的无障碍交通出行体系。要以满足老年人及残疾人等弱势群体生活生产需求为目的，强化无障碍交通出行系统与居住生活环境、社区服务环境及休闲娱乐环境等的高效衔接，从而构建无缝衔接的无障碍交通出行环境。

（一）深化体制改革及机制创新

只有具备良好的基础设施条件和先进的管理体制和服务机制，无障碍交通出行才能可持续发展。无障碍交通出行建设涉及交通、住建、工信等多部门，建立多部门协调配合、共同推进的合作机制，是推进无障碍交通出行建设的基本保障。同时，交通运输行业主动适应时代和社会发展的要求，学习借鉴国际的好经验、好做法，不断创新行业内无障碍交通出行服务的体制机制和方式方法，使交通运输服务能够更好地面向大众、服务人民、惠及老百姓。

（二）健全无障碍法律法规

无障碍设施的设计、建设与管理设计面广、专业性要求高，目前无障碍设施存在被占用、破坏的现状应该引起政府及社会舆论的关注。目前为止还没有一个专门的部门来对无障碍设施的情况进行研究和监管，应当制定详细、强制性的法律规范无障碍设施建设、保护无障碍设施，做到日常有人监管，在无障碍设施出现故障的时候能够被及时修复，同时建立公众也能参与到无障碍环境建设的机制，才能有效杜绝不良现象出现。国外经验带来的首要启示，就是要健全无障碍交通政策体系，才能为无障碍环境建设发挥更大的社会作用。

（三）完善和落实相关标准规范

无障碍交通出行特点决定了无障碍建设要与交通运输行业特点相结合，而不是简单地复制住建行业无障碍建设标准。加强无障碍交通出行环境建设与服务标准制修订，构建无障碍交通出行标准规范体系，才能高效指导和规范无障碍交通出行设施建设与管理。在实际操作中，需要加强无障碍标准需求调研，重点开展交通运输基础设施、交通工具、交通标志标识、出行信息服务、运输服务等无障碍标准研究和修订工作，为无障碍交通出行环境建设提供指引和规范。

（四）强化交通规划方案的空间公平性

法国、巴西和日本的成功经验告诉我们，交通规划方案必须保证空间公平性。除了保证微观层面的公共建筑设施的无障碍服务质量，还必须从整个城市的层面整合考虑，形成多模式、快捷换乘的无障碍交通体系。增加上下班、上下学以及日常生活交通出行的可选择性和灵活性，这对弱势群体尤为重要。社会公平性要求公共投资于公共交通设施，以减少长途往返的必要，为弱势群体和残疾人提供更多的交通选择。韩国经验则启示了科学预测交通需求量、提供公共投资以及交通运营统筹安排的重要性，这也是达到空间公平性目标的重要手段。我国的无障碍交通规划方案目前仅关注局部地区的服务状态，提供零碎的服务设施。要改善这种"注重细部、忽略整体"的狭隘局面，必须具备多模式无障碍交通出行整合的区域眼光和空间公平价值导向，从根本上改变弱势群体交通出行的可选择性。

（五）建立无障碍交通出行认证机制

由于缺乏无障碍建设的验收评审机制，导致部分地方为降低建设成本，不重视无障碍交通设施建设。为有效加强无障碍交通设施的事中事后监督检查，建议建立无障碍交通出行认证机制，完善监管环节，督导并鼓励交通运输企业加强无障碍设施建设。据初步统计，我国相继发布实施了一系列涉及无障碍设施建设的相关标准规范，但当前还没有针对无障碍交通出行认证的标准，认证标准体系还没有建立。无障碍认证主要包括无障碍环境认证、无障碍产品认证和无障碍专业技术人员评价。无障碍环境认证的对象为交通基础设施、运载工具、交通设施设计施工等。认证过程从设计阶段介入，到施工验收阶段结束，主要针对认证对象的无障碍系统性、功能性、规范性进行等级评定。无障碍认证可依据现有标准与规范，针对认证对象，提出具体的认证要求，制定相应认证标准。

（六）加强对无障碍交通出行建设的补贴

政府要加大对弱势群体的转移支付力度，由财政为收入较低的弱势群体提供交通补贴，对老人、残疾人、学生、小孩等低收入人群给予特殊优惠票价等，保障弱势群体的出行权利。另外，在顺应经济社会发展趋势，开发高端运输市场，提高运输质量与服务水平的同时，应兼顾不同层次的运输需求，政府发挥主导作用，引导和鼓励社会资本参与，共同推进社会效益高而经济效益较低的大众交通方式的发展，使弱势群体能够选择适合的交通方式，以可接受的交通成本实现出行意愿。

二、设施无障碍

（一）制定无障碍建设的系统规划

政府部门加强协调和调查，努力将无障碍基础设施建设顺利推行。在研究分析的基础上，确定基础建设的长远和近期的计划。在系统规划的基础上，进行全面安排，在确保系统完整性的同时，努力解决好实际交通基础设施中的问题，从而实现全面系统的调整，实现不同阶段的目标，从而将整体和部门完美结合，新的基础设施和改造的设施相结合，技术与建设相结合。

（二）建设和改造无障碍交通设施

由于各类无障碍设施之间联系不够紧密，没有形成系统，导致残障人士出行困难。在残障人士出行过程中，在无障碍设施的保障下，残障人士容易放松警惕，而无障碍设施的设计不规范等问题，容易造成残障人士受到意外伤害，导致残障人士对无障碍设施信任感的缺失，从而加深其对未来出行的心理障碍。针对以上提到各个无障碍交通设施之间存在使用切换的问题，应当通过无障碍设施的改建达到使其成为连续状态的理想状态，另一方面需要政府宣传无障碍设施相关知识，倡导社会公众保护无障碍设施、关爱残障人士，减少公众对无障碍设施的损坏，构建无障碍环境供残障人士出行。同时，要结合肢体残疾人、听力残疾人和视力残疾人出行需求及特征，利用信息技术采集分析无障碍设施建设对人体的适应性，根据人体工程学要求建设改造相关设施。

（三）加强设计建设人员无障碍教育培训

通过调研了解到，部分设计人员对无障碍设计理念理解不深入，对技术要求掌握不熟练，导致无障碍设计不规范。部分施工人员不掌握无障碍设备的安装技术，导致部分无障碍设备安装错误、无法使用。所以，通过对相关设计人员、施工人员进行全面的培训，可以使其完全了解和掌握无障碍理念在实际中的运用。进行无障碍的交通设计，不仅是入口的一个坡道，更重要的是它的系统化，从而确保无障碍交通系统在设计的过程中能够完整。要确保交通建筑或者道路实现无障碍，必须完善各个环节，提高工程设计人员的自身素质与设计能力，确保不出现错误的无障碍设计。

（四）配备种类齐全的无障碍设备

目前，交通运输的智能服务设备种类很多，但无障碍信息服务功能较少，缺少语音播报、盲文提示等功能，部分自助设备较高，无法满足乘坐轮椅的旅客的自助服务需求。在今后的工作中，需要加强无障碍设备的应用，一方面是在现有设备的基础上进行智能化改造，例如自助售票机、检票机、闸机、查询机等；另一方面是专门为重点旅客设计研发智能化设备（系统），如智能语音/手语翻译器、智能求助子系统、盲人导引子系统、助残机器人、面向聋哑旅客的标识子系统、助残机器人、共享轮椅、共享担架等，从而提供安全适用的无障碍交通设备。

三、信息无障碍

在残障人士出行的过程中，充足的出行信息可以使残障人士实时掌握其自身的出行情况，满足他们安全和可控的心理需求，同时让残障人士比较容易地完成独立出行，满足其自我实现的良好心理体验。但是，在大多数城市交通设施或服务中，为残障人士供应的交通信息仍然不足。例如，肢体残障人群难以在拥挤的平台等不利于残障人士的条件下获得公共交通信息，提高了残障人士获取信息的门槛。基于这一现实，通过优化城市交通信息的供给，将能够有效减少残障人士出行的心理障碍，满足出行的心理需求。

信息无障碍是指任何人在任何情况下都能平等地、方便地、无障碍地获取信息、利用信息。随着大数据、云计算、物联网等数字信息化技术的应用，我国出行信息无障碍也实现了快速发展，已形成北京残疾人服务地图、北京市残疾人出行预约、真行软件等无障碍智能出行APP。但总体上看，软件功能相对比较单一，没有系统性考虑出行的各个环节和影响因素，实际应用范围有限。为构建基于出行链的无障碍交通出行服务系统，今后应加快无障碍智能出行信息系统的研发和应用，构建覆盖静态交通、枢纽站场、交通工具等方面，基于出行链的无障碍智能出行信息系统。该系统还须强化疫情、恐袭等重大灾害情况下无障碍交通出行保障功能，具备信息发布、运营线路查询、安全站点显示等功能，利用大数据、云计算等技术分析运行线路途经区域数据及沿途乘客上下车数据，科学计算安全的乘车路线，指导老年人、障碍人安全便捷出行，实现老年人、残疾人使用一个软件，安全行遍天下。

四、服务无障碍

（一）在全行业建设尊重弱势群体的文化氛围

提高公众关注弱势群体平等出行的社会意识是改善弱势群体交通环境的重要保障之一。目前，部分行业从业者对残疾人仍具有同情、关心的心理，没有建设平等服务、相互尊重的思想。应通过多渠道、多方式建立残疾人与普通人群之间沟通的桥梁，使普通人能够体会和理解残障人士的需求，从而自觉、主动地关爱和帮助他们。应尽快在全社会全行业建立起尊重弱势群体的文化氛围，使弱势群体的出行权利受到社会尊重，出行条件受到各方保障。

（二）提高交通运输企业无障碍服务的运营和管理水平

所有的交通理念、交通政策、交通技术和交通规划方案，最终必须通过具体操作层面的运营和服务才能实现。目前，交通运输行业针对老年人、残疾人的服务还不够细致，企业缺乏服务管理制度、标准服务用语与行为规范，无障碍交通运营和管理尚处于起步阶段。完善的无障碍交通出行体系需要精心的运营和科学的管理，才能在保持市场竞争力的同时，提供优质的交通出行服务。交通运输企业需要不断加强服务人员的职业培训，强化服务理念，提升服务水平，营造敬老爱老、关爱残疾人的服务环境。

第六章
无障碍交通出行体制机制

第一节 无障碍交通出行建设的管理体制

目前，我国已经确立了党委领导、政府负责、社会参与、残疾人组织充分发挥作用的残疾人事业领导体制和工作机制。

一、无障碍交通出行建设规划主体

根据 2012 年 8 月 1 日起施行的《无障碍环境建设条例》，第四条规定："县级以上人民政府负责组织编制无障碍环境建设发展规划并组织实施。编制无障碍环境建设发展规划，应当征求残疾人组织等社会组织的意见。"同时，第十一条规定："对城镇已建成的不符合无障碍设施工程建设标准的道路、公共建筑、公共交通设施、居住建筑、居住区，县级以上人民政府应当制定无障碍设施改造计划并组织实施。"同时，另据 2016 年 9 月中国残疾人联合会、全国老龄工作委员会办公室、民政部等 13 部门联合印发的《无障碍环境建设"十三五"实施方案》："各地要将无障碍建设纳入经济社会发展规划和城乡规划，制定无障碍建设改造专项规划和'十三五'实施方案，切实采取措施，加强领导，创新方式，推广无障碍通用设计理念"。

上述两个文件清晰的明确了县级以上人民政府是我国包括无障碍交通出行在内的，新建或改造无障碍环境建设发展的规划并组织实施的主体，但残疾人组织等社会组织有提出建议和意见的权利。

近两年，中国残联会同有关部门在北京新机场、雄安新区、哈尔滨、深圳、杭州等进行了尝试，从无障碍环境建设的源头及早介入、强化推进，取得了一定经验和成效。其中，雄安新区市民中心、北京新机场等重大工程项目的无障碍设施达到国际一流水准。

在日本，无障碍交通出行相关规划的制定出台更早地注重社会各群体的参与。2011年，为了申请和主办2020年东京奥运会，东京下属23个市辖区即纷纷制定了本区域的无障碍建设规划，如位于东京东南角的大田区在制定该行政区的无障碍改造规划时，组织无障碍设计和建设专家、老年人和残障人团体的代表、拟改造设施的相关运营者、相关政府部门官员、公共交通运营相关部门等一起基于无障碍法规和条例，以无障碍出行为目标，制定出该区2020年之前的无障碍改进计划。

二、无障碍交通出行建设标准制修订主体

近年来，我国无障碍环境建设法规、标准进一步完善。截至2018年底，全国共出台了475个省、地市、县级无障碍环境建设与管理法规、政府令和规范性文件，1702个地市、县系统开展无障碍环境建设。其中，由于无障碍交通出行建设涉及人们生活的方方面面，因此我国无障碍交通出行建设标准制修订的主体也涉及包括交通运输部、住房城乡建设部、中国铁路总公司、中国民航局、民政部等多个部门。

无障碍交通出行在内的无障碍环境建设相关标准的出台，有效统筹规范了无障碍建设环境。如住房城乡建设部修订了《无障碍设计规范》、制定了《无障碍及适老建筑产品技术要求》国家标准；工业和信息化部制定了《移动终端无障碍技术要求》《信息技术互联网内容无障碍可访问性技术要求与测试方法》行业标准；中国铁路总公司、北京铁路局下发《关于进一步加强和提升无障碍设施建设和服务的通知》；中国民航局制定《民用机场旅客航站区无障碍设施设备配置》《残疾人航空运输评定》标准等。

伴随着标准的制定实施，人们已经可以在出行过程的点点滴滴中感受到。如公交方面，2019年底北京全市23000余辆公交车中，具有无障碍设备的公交车达到12000辆，占比超过50%，城区无障碍公交车配置率约为51%。同时，地铁车站的无障碍设施合格率超过了90%，车辆无障碍设施合格率在99%以上。铁路方面，新建高速、城际铁路和普速铁路较大的客运站均采用了高站台和无障碍设施，并设置了供残疾旅客使用的专用售票处、候

车室（区）、低位公用电话、轮椅、盲道，以及无障碍通道、电梯、厕所（厕位）等服务设施，满足行动障碍旅客购票、候车、进站、出站、行包托取的需求。同时，铁路客站无障碍流线与市政交通实现了无障碍设施连续、完整衔接。新造的动车组列车都设置了无障碍厕所、轮椅专用席位等服务设施。此外，既有较大车站和部分普通旅客列车也通过改造配备了无障碍设备。

> 1961年美国国家标准协会（ANSI）制定了第一个无障碍设计标准，他们协调了各专业协会的要求，制定了统一的、具有指导性的无障碍设施的最低要求，并通过立法使无障碍设计具有某种强制性。1973年美国又成立了无障碍委员会。该委员会作为一个独立的美国联邦机构专门开展无障碍制度建设，主要参与和制定无障碍法律、法规、实施细则和监督无障碍法规的实施，其制定的《美国残疾人法》等法律覆盖建筑环境、交通车辆、电信和电子信息技术的设计标准，同时还提供无障碍实施细则和标准，提供技术支持和培训服务，以及联邦资助设施标准的实施。
>
> 日本现行国家层面的无障碍设计法规体系由国家级法规加上地方条例组成。其中国家级的法规是日本国土交通省2006年颁布的《交通与建筑无障碍法规》。在国家法规的基础上，日本47个都道府县依据自身情况又制定了更加详细的地方福祉设计规范条例。

三、无障碍交通出行建设管理主体

"党委领导、政府负责、社会参与、残疾人组织充分发挥作用"的残疾人事业领导体制和工作机制使我国残疾人事业快速发展，残疾人生存状况发生了巨大变化，生活状况得到不断改善。

为了深入贯彻习近平总书记系列重要讲话精神和治国理政新理念新思想新战略，落实党中央、国务院关于老年人照顾服务工作的决策部署，使老年人共享改革发展成果，推动实现老有所养、老有所医、老有所为、老有所学、老有所乐，2017年6月，国务院出台了《关于制定和实施老年人照顾服务项目的意见》（国办发〔2017〕52号）。其中明确提出了制定和实施老年人照顾服务工作的基本原则之一为"党政主导，社会参与"。这意味着开展并实施老年人照顾服务工作的主体为各级政府,即党委领导、政府主导,充分发挥党委和政府在统筹规划、示范引领、监督管理等方面的作用。

2018年1月,交通运输部、住房城乡建设部、国家铁路局、中国民用航空局、国家邮政局、中国残疾人联合会、全国老龄工作委员会办公室7部门为落实国办发〔2017〕52号文,加强和改善老年人、残疾人出行服务,保障老年人、残疾人出行权益,联合出台了《关于进一步加强和改善老年人残疾人出行服务的实施意见》。其中三大原则第一条就是"政府主导,社会参与"。即在举全社会的力量来共同加强和改善老年人、残疾人出行服务的工作中,既要突出政府责任,又要广泛动员行业协会、残疾人组织等社会各方力量,充分发挥市场机制作用,满足老年人、残疾人等群体多层次、多样化出行需求。而其中包括交通运输部、住房城乡建设部、国家铁路局、中国民用航空局、国家邮政局等在内的政府部门相关单位则是无障碍出行的建设管理主体。

在北京,无障碍建设的管理体制为条块结合、以块为主。市行业主管部门按照职责分工,牵头组织无障碍建设相关示范工程。各区政府负责组织实施本行政区域内的无障碍环境建设专项行动,细化任务,明确分工。各街道(乡镇)依托党建引领"街乡吹哨、部门报到"工作机制,组织所有权人或管理人加强无障碍设施的改造、维修、保护和管理。市城管执法局指导各区政府和市有关部门开展联合执法活动,集中清理整治重点地区无障碍设施被占用、损毁等问题。市、区残联按照实用、易行、广泛受益原则提出无障碍设施整改需求,并组织开展专项评估、满意度调查等工作。

四、无障碍交通出行设施运营维护主体

无障碍交通出行设施运营维护主体为铁路客运站、汽车客运站、客运码头、民用运输机场、城市轨道交通车站、城市公共交通枢纽等场所及交通运输工具等设施的运营企业。

各运营企业有责任和义务制定完善老年人、残疾人等乘坐交通运输工具的服务细则,引导老年人、残疾人合理安排出行计划,鼓励错峰出行,避免客流拥挤对行动不便乘客出行造成的安全隐患;提升信息化和智能化管理水平,做好对无障碍交通设施设备使用的合理引导,提供便于老年和残疾乘客

识别的语音报站和电子报站服务；依据相关标准要求完善站场、枢纽、车辆设施的盲文标志标识配置、残疾人通信系统、语音导航和导盲系统建设；建立完善无障碍交通设施安全检查制度，及时发现安全隐患，妥善处理，为老年人、残疾人提供安全可靠的无障碍交通出行服务。此外，运营企业还应积极推广应用微信、微博、手机APP、便民热线预约服务等创新方式，为老年人、残疾人提供多样化、便利化的无障碍交通出行信息服务。

> 2002年7月1日，德国国铁在乘务产品开发和服务分部成立了残疾乘客服务中心，目的就是为协调所有与残疾乘客和行动不方便乘客、残疾人协会和官方的问题。该中心负责从残疾乘客角度分析所有影响德国国铁的市场要求、开发、管理和开展有关残疾人的服务需求。为了实现残疾人的无障碍旅行，德国国铁采取了一系列措施改善乘车条件。首先，德国国铁草拟了一个方案，采取一系列措施来消除所有的障碍，并根据"联邦残疾人保障法"的要求，对每个独立管理部门和子公司规定了实施期限，接下来保证所有人对残疾人平等对待，依照官方和相关协会的条款，充分考虑残疾乘客的要求，并根据自身经济利益来量力而行。

五、无障碍交通出行建设资金来源

交通基础设施由于公益性属性，其资金来源主要有三个，分别为中央财政转移支付、地方财政资金配套和社会资本。但由于交通基础设施投资大、周期长、效益较低，因此对社会资本吸引力较低，多数交通基础设施项目的建设资金还是以中央财政转移支付、地方财政资金配套为主。"十三五"以来，交通基础设施PPP模式的快速推开，明显调动了社会资金投资的积极性。

无障碍交通出行建设作为交通基础设施建设的重要内容，项目特别是新建项目通常在设计阶段同步设计、在建设过程中按照相关标准同步建设并在项目竣工时同步验收，其建设资金来源与交通基础设施建设资金来源保持一致。另《无障碍环境建设"十三五"实施方案》中明确要求鼓励制定促进社会资本投入无障碍环境建设的优惠激励政策，同时要求提高改造比例，并提供相关资金保障。这就意味着，一方面将鼓励社会资本加大对包括无障碍交通出行在内的无障碍建设的投资力度，另一方面鼓励对于已建成但由于年代较早未包括无障碍设施的项目加大改造力度，从而使无障碍建设在人们的生活中全面覆盖。

在《北京市进一步促进无障碍环境建设 2019—2021 年行动方案》中明确无障碍建设专项行动所需资金纳入各区年度预算和市相关部门年度预算予以统筹保障，同时，建立专项行动工作绩效评估奖励机制，制定并细化相关绩效评估指标体系，对落实专项整治行动成效显著的区给予以奖代补资金支持。

> 为了使各联邦机构、州和地方政府、私人企业等履行无障碍立法的相关规定，实施残疾人住房、购物、娱乐、工作、信息交流无障碍，美国联邦政府采取了多项优惠措施，以鼓励社会各界进行无障碍改造和无障碍建设，其中最重要的包括税收优惠的财政补贴。尤其是 1986 年国会通过了《税收调整法案》，将用于无障碍技术改造的费用，可替代部分税收的优惠条件给予鼓励实施。
>
> 德国《残障人士平等法案》规定，公共交通工具、公共道路、公共建筑都需要做到无障碍，同时政府鼓励进行无障碍改建，并为改建或新建无障碍设施提供经济上的补助。

第二节　无障碍交通出行的协调机制

一、政府及机构

无障碍交通出行建设涉及多个部门，为了无障碍交通出行建设项目顺利推进，在我国通常由地方政府统一领导，各级交通、铁路、邮电、市政、建设、民政、残联、老龄部门和单位合作，积极协调配合，认真履行职责，同时公安、旅游、民航、金融、商业等部门和行业积极参与，从而形成统一组织、分工协作、齐抓共管的工作局面，推动无障碍交通出行建设顺利开展。

2016 年 9 月，中国残疾人联合会、全国老龄工作委员会办公室、民政部等 13 部门联合印发的《无障碍环境建设"十三五"实施方案》提出："县级以上地方建立政府统一领导、相关部门参加的无障碍建设组织协调机构，建立、完善相关工作机制。"这一文件首次明确了由县级以上地方政府来构建无障碍建设组织协调机构。

在北京，无障碍环境建设专项行动工作组由市政府主要领导担任组长，市委分管领导和市政府分管领导共同担任执行组长，市委宣传部分管领导、市政府分管副秘书长和市残联、市财政局、市规划自然资源委、市住房城乡建设委、市交通委、市政务服务局、市城管执法局主要领导担任副组长，各区政府、市有关部门作为成员单位，共同推进工作落实。市工作组办公室设在市残联，负责日常具体工作，市政府分管副秘书长担任办公室主任。各区政府、市有关部门结合实际成立工作专班，制定本区、本部门实施方案，报市工作组办公室备案。

在上海，建立了由上海市住建委、市经信委、市民政局、市残联和市老龄办等部门单位无障碍环境建设推进工作联席会议制度。联席会议办公室设在上海市残联，召集人为主管此项工作的副市长，同时，各区县均设联席会议。目前，上海已建立起多层次区域化的无障碍联席会议平台。

由地方政府来构建无障碍建设组织协调机构理顺了我国无障碍建设的工作机制，极大地提高了无障碍建设工作的效率和效果，适应了我国残疾人事业的发展。发达国家在这方面的制度规定通常也是由政府来承担。

> 作为一个独立的美国联邦机构，美国无障碍委员会自 1973 年成立之日起就是由卫生部、教育和福利部、住房和城市发展、内政、劳动和交通部门、综合服务局、退伍军人管理局和美国邮政服务部八个内阁级联邦机构的官员组成，此后又有司法部、商业部等联邦机构加入，并最终达到 12 个联邦机构，共计 25 个成员机构。该委员会服务于公众尤其是残疾人，它旨在协调各联邦机构在无障碍环境建设方面的行动，确保各联邦机构服从《建筑物障碍法》，并为《建筑物障碍法》中提到的环境障碍问题提供解决方案。无障碍委员会负责《美国残疾人法》等法律覆盖的建筑环境、交通车辆、电信和电子信息技术的设计标准，其他的服务包括为无障碍实施细则和标准提供技术支持和培训，

> 以及联邦资助设施标准的实施。委员会还通过目标超越、信息发布和发起研究来提升无障碍建设。近些年来，委员会致力于新的需要无障碍化的领域，如无障碍人行道、十字路口和客轮，并于 2005 年取得很大进展。作为主要的信息资源，委员会还与同类组织和重要团体保持合作与咨询，尤其是与加拿大和墨西哥标准制定机构的合作。

二、政策法规标准

（一）政策层面

在"十三五"期间，2016 年 3 月，《国民经济和社会发展"十三五"纲要》中提出"全面推进无障碍设施建设""加强无障碍设施建设和维护"。国务院颁发的《关于加快推进残疾人小康进程的指导意见》《"十三五"加快残疾人小康进程规划纲要》对全面推进城乡无障碍环境建设做出了进一步的部署。2014 年 3 月，中共中央国务院出台《国家新型城镇化规划（2014—2020 年）》，明确提出在国家城镇化进程中同步"加强无障碍环境建设"。国务院《关于加快发展养老服务业的若干意见》《关于促进旅游业改革发展的若干意见》《"十三五"国家信息化规划》《"十三五"国家老龄事业发展和养老体系建设规划》《"十三五"推进基本公共服务均等化规划》等都对无障碍环境建设提出具体要求，无障碍环境建设进一步纳入了国家经济社会发展大局，成为国家实现基本公共服务均等化目标的重要举措和具体体现。2018 年 1 月，交通运输部等七部委出台《关于进一步加强和改善老年人残疾人出行服务的实施意见》，提出了我国交通运输业无障碍环境建设的目标和任务措施。住房城乡建设部、工业和信息化部、民政部、全国老龄办制定下发《关于开展无障碍环境市县村镇创建工作的通知》，提出到 2020 年建成 150—300 个无障碍环境市县，30 个以上无障碍环境示范村镇。

（二）法律层面

1990 年 12 月出台了我国第一部旨在全面保障残疾人权利的专门法律——《残疾人保障法》，这标志着我国残疾人事业发展开始步入法治化轨道。其中，对于无障碍交通出行建设明确提出："国家和社会应当采取措施，逐步完善无障碍设施，新建、改建和扩建建筑物、道路、交通设施等，应当符合国家有关无障碍设施工程建设标准，公共交通工具应当逐步达到无障碍设施的要求。有条件的公共停车场应当为残疾人设置专用停车位。"

其后，国家又先后制定、修订发布实施了《老年人权益保障法》《防震减灾法》《道路交通安全法》《无障碍环境建设条例》《建设工程质量管理条例》《城市道路管理条例》《政府信息公开条例》《公共文化服务保障法》《残疾预防和残疾人康复条例》《残疾人教育条例》。尤其是2012年6月国务院颁布实施的《无障碍环境建设条例》，明确了依法开展无障碍环境建设是政府责任和社会义务，并把残疾人事业纳入国民经济和社会发展规划，将残疾人事业提升到了一个新的高度。

同时，在省级层面，河北、山西、陕西、吉林、广东等省出台《无障碍环境建设条例》地方实施办法。这些法律法规中有关无障碍环境建设的条款为无障碍环境建设工作提供了法律法规依据，进一步明确了各方的责任和义务，标志着我国无障碍环境建设工作由鼓励、引导、推动，进入了依法开展、依法监管的良性发展阶段。

而上述法律法规在包括城市道路无障碍实施范围等无障碍交通出行、管理方面做了相关明确的规定。

美国残疾人无障碍环境建设主要立法

法律名称	时间	主要内容
建筑物障碍法(ABA)	1968	用联邦资金设计、建造、改建或租借的建筑设施必须无障碍，包括邮局、社会保障办公室、监狱和国家公园。该法也适用于接受联邦资助的非政府设施，如学校、公共房屋和大众运输系统。
康复法	1973	建立了无障碍委员会
航空运输无障碍法案	1986	该法禁止航空旅行对残疾人的歧视性待遇，适应于国内和国外的航班，涵盖了登机辅助和新建造飞机的无障碍特点。
美国残疾人法(ADA)	1990	禁止私人或者公共部门歧视残疾人的民权法案
电信法案(第225节)	1996	要求电信设施和顾客服务设备无障碍

续表

法律名称	时间	主要内容
康复法修改法案	1998	修改第508节以确保联邦部门的电子和信息技术无障碍化
平住房修改法案	1998	禁止公共部门和私有部门的住房对残疾人的住房歧视，同时禁止销售和租用住房中的残疾人歧视行为。
老年和残疾人选举无障碍法案	2002	该法要求在联邦选举中投票地点无障碍，并使用登记与障碍法案投票辅助工具。

（三）标准层面

为规范城市的无障碍环境，住房城乡建设部发布并适时修订了《无障碍设计规范》《无障碍设施施工验收及维护规范》《老年人居住建筑设计规范》《城镇老年人设施规划规范》等国家标准；国家质检总局、国家标准化管理委员会发布实施《城市公共交通设施无障碍设计指南》《标志用公共信息图形符号第9部分：无障碍设计符号》《公共信息导向系统 基于无障碍需求的设计与设置原则》等国家标准，对支持无障碍环境建设发挥了积极作用。同时，国家民航、铁路相继制定实施了民用机场旅客航站区、铁路旅客车站、交通客运站场等行业无障碍建设标准规范，出台了《残疾人航空运输评定》标准，下发了《关于进一步加强和提升无障碍设施建设和服务的通知》；工业和信息化部制定《移动终端无障碍技术要求》《信息技术 互联网内容无障碍可访问性技术要求与测试方法》行业标准等，为科学、规范开展无障碍环境建设提供技术支持。

> 1990年《美国残疾人法》颁布。该法旨在确保残疾人在公共和商业设施的使用，就业，交通，州与地方政府的服务和电信领域与健全人享有平等的机会，该法增加了美国残疾人的选择，是《美国民权法案》颁布之后的最伟大的一部法案，在美国民权和无障碍环境建设史上具有里程碑的作用。

第三节 无障碍交通出行认证机制

一、存在问题

近年来,交通运输部不断加强对无障碍交通出行建设的投入,通过加强基础设施建设和改造,提升运输服务水平,完善政策保障体系,着力构建覆盖全面、无缝衔接、安全舒适的无障碍交通出行服务体系。但由于无障碍交通出行建设中缺少监督及认可认证等相关机制,部分设计单位设计的无障碍交通设施不满足相关规范要求,部分交通运输工具生产商生产的无障碍技术装备不满足标准要求,部分施工单位没有正确安装无障碍工器具等,在一定程度上影响了无障碍交通出行的发展。为此,非常有必要从认证入手,引导行业加强无障碍交通出行建设意识,构建美好的无障碍交通出行建设环境。

二、关键点

加快建立无障碍交通出行设计和设施产品认证制度,促进无障碍交通出行环境建设高质量发展的关键主要有以下几点:

1. 制定统一的标准规范

针对目前无障碍交通出行环境建设急需解决的困难,组建专家团队系统梳理有关标准、法规和其他规范,对无障碍交通出行设计和设施产品认证予以专项研究,起草制定全国统一的无障碍交通出行认证技术、人员、机构、服务、设施、产品国家或行业标准。

2. 建立分工合理、高效运营的工作机制

起草认证规则,适时出台我国无障碍交通出行环境设计和设施产品认证的实施办法或指导意见,优化顶层设计,强化引导服务,理顺体制机制,加强组织实施,推动技术标准和业务规则的统一,争取建立政府引领、机构参与、利益方认可的无障碍交通出行认证长效机制。

3.推广无障碍交通出行认证采信应用

将无障碍交通出行设计和设施产品认证纳入无障碍环境建设法规,借助法律的强制约束力和严肃性来保障无障碍交通出行认证采信推广应用,通过源头把关、后端采信,发挥无障碍交通出行环境认证的导向性、规范性、全流程作用。

第四节 无障碍交通出行监督机制

一、政府机构

监督管理对于建设项目质量的保证意义重大。2012年8月1日起施行的《无障碍环境建设条例》第五条明确规定:"国务院住房和城乡建设主管部门负责全国无障碍设施工程建设活动的监督管理工作,会同国务院有关部门制定无障碍设施工程建设标准,并对无障碍设施工程建设的情况进行监督检查。国务院工业和信息化主管部门等有关部门在各自职责范围内,做好无障碍环境建设工作。"

2016年9月,中国残疾人联合会、全国老龄工作委员会办公室、民政部等13部门联合印发《无障碍环境建设"十三五"实施方案》,明确提出:"进一步加强对无障碍建设的社会监督。有条件的地方成立无障碍发展促进会。建立由人大代表、政协委员以及残疾人、老年人、媒体代表等参与的无障碍监督员队伍。相关部门应为促进会和无障碍监督员队伍开展工作创造条件。"

在上海,三级督导网络的构建对无障碍建设的监督管理发挥了重要作用。上海市无障碍设施建设督导总队设在上海市残联,各区县设无障碍督导大队。市总队每年经费45万—50万元,由市财政拨款。总队办公室聘请3位退休残疾人做专职工作人员,有工作津贴。总队对下设大队的无障碍工作给予指导,对出现无障碍违规或缺失等问题可以开出限期整改的通知单,对不按要求整改的，联合有关部门进行处罚。各区无障碍环境建设督导大队也会同区建交委、区卫生局进行无障碍环境及设施现场巡查。同时，对于无障碍环境达标区的认定，市住建委会同市经信委、市民政局、市残联和市老龄办，通过听取汇报、召开座谈会、组织专家实地检查等方式进行市级核查考评，对无障碍环境达标区进行公示，同时接受社会与市民监督。

在北京，市无障碍环境建设工作组办公室按季度通报各区政府、各行业主管部门无障碍建设工作进展情况，同时完善与12345市民服务热线的联动机制，畅通无障碍设施问题的投诉举报渠道，并发挥各级党代表、人大代表、政协委员、志愿者、残疾人及社会组织等方面作用，形成监督合力。

虽然我国无障碍交通出行起步较晚，但监督体系已基本确立、不同主体责任划分也相对明确，这对于保证无障碍设施建设的质量、提高无障碍建设的效率，更好地服务广大残疾人、老年人等群体发挥了积极的作用。相比而言，发达国家的监督体系构建更为完善，监管力度也更有效。

> 美国无障碍环境建设有着完善的、多层次的监督机制，既有如无障碍委员会和全国残疾人委员会这样由联邦机构设立的监督系统，又有各种残疾人组织对无障碍实施情况会进行调查和监督，还有公民大众的监督，尤其是残疾人消费者的监督。美国无障碍委员会设立的投诉系统让公众通过网站、电子邮件、邮件和传真等方式对各种联邦机构和公共设施无障碍情况进行监督。对于投诉，如果委员会监察认定该设施在法律覆盖范围之内，且确实不符合无障碍标准，委员会将监督责任实体改造直至完成。从1976年起，该委员会已处理了3000多起投诉，其中大多关于无障碍路线、停车空间、卫生间及入口坡道。除无障碍委员会之外，美国官方残疾人机构还有全国残疾人委员会，在无障碍环境建设尤其是监督方面起到很大作用。该委员会设立于1978年，由15名不同专业、文化和背景的委员组成，委员由总统任命。作为《美国残疾人法》的监督者，该委员会负责评价该法的执行情况，研究法院裁决对该法的影响，并与残疾人团体一起工作，以寻求强化该法律的方法。全国残疾人委员会通过向总统和国会提交《国家残疾人的政策：进展报告》的方式，披露他们在卫生、住房、就业、交通等早期干预和教育等方面发现的问题，并提出政策修改

建议，该委员会不仅对影响残疾人的新出台的联邦一级的政策进行评估，而且检查州和地方一级的政策。

日本国土交通省 2006 年颁布的《交通与建筑无障碍法规》中就建设过程中的监督、审查流程等做出了明确规定。如规定各都、道、府、县的区、市、町、村都需配备负责无障碍法规执行监督的人员，他们负责在项目开工前审核、指导设计方案中无障碍设计的相关内容，方案评审后要在相关部门备案；工程开工到完成施工期间，他们要对施工状况进行随访、监督，保证施工过程中无障碍建设符合规范，并对不遵守规范的现象进行劝告，严重者进行公示；工程结束后，地方建筑行政厅会委托检查机构对工程所达到的无障碍程度进行审核验收；通过验收的建筑所有者可申请无障碍等级证书。这个流程的每个环节都明确指出了责任单位和责任人，权责明确，促进和保证了相关建设的发展。

二、残疾人组织

中国残疾人联合会各级机构在推进我国无障碍建设监督管理方面也发挥了特殊作用。

中国残疾人联合会 (China Disabled Persons'Federation)，简称中国残联，是经国务院批准和国家法律确认的将残疾人自身代表组织，由中国各类残疾人代表和残疾人工作者组成的全国性残疾人事业团体。中国残疾人联合会在中国盲人聋人协会 (1953 年成立) 和中国残疾人福利基金会 (1984 年成立) 的基础上组建而成，于 1988 年 3 月 11 日在北京正式成立。据 2018 年 5 月中国残疾人联合会官网显示，中国残联机关内设 11 个部厅室，下设 16 个直属单位、12 个所属社团、5 个专门协会。

中国残联的主要任务主要包括以下九项：

1. 宣传贯彻《中华人民共和国残疾人保障法》，维护残疾人在政治、经济、文化、社会等方面平等的公民权利，密切联系残疾人，听取残疾人意见，反映残疾人需求，全心全意为残疾人服务。

2. 团结、激励残疾人自尊、自信、自强、自立，履行法定义务，为构建和谐社会贡献力量。

3. 沟通政府、社会与残疾人之间的联系，宣传残疾人事业，动员社会理解、尊重、关心、帮助残疾人，消除歧视、偏见和障碍。

4. 协助政府制定实施残疾人事业发展纲要，促进残疾人康复、教育、劳动就业、扶贫、维权、文化体育、社会保障、科技信息化应用和残疾预防等工作，改善残疾人参与社会生活的环境和条件。

5. 参与研究、制定和实施残疾人事业的法律法规、政策规划，发挥综合协调、咨询服务作用，对有关领域的工作进行管理和指导。

6. 承担政府残疾人工作委员会的日常工作。

7. 管理和发放《中华人民共和国残疾人证》。

8. 管理和指导各类残疾人社会组织，培养残疾人工作者，使残疾人和残疾人组织更加活跃。

9. 开展国际交流与合作，发挥联合国经社理事会特别咨商地位的作用。参与联合国《残疾人权利公约》履约工作。

在推进无障碍建设监督管理方面，中国残联积极代表残疾人权益，充分反映群体需求与呼声，大力宣传无障碍环境建设理念，致力于联合相关部门共同推动建筑设施、交通出行、信息交流和社区居家等方面的无障碍设施与服务。开展残疾人基本服务状况和需求动态更新信息采集，了解掌握残疾人家庭无障碍改造情况、村（社区）残疾人等日常生产生活密切的基层公共服务设施无障碍建设情况，为制定国家规划和部门出台无障碍政策提供了决策依据。组织残疾人开展无障碍环境体验督导活动，积极推动无障碍环境建设由公共设施向残疾人居家环境无障碍改造延伸，为残疾人脱贫攻坚、实现小康奠定基础。

但目前来看，我国残疾人组织还不够壮大、不够活跃。在相关残疾人法律和政策的制定过程中、在无障碍建设的监督管理中，还应该发挥更大的作用。

> 美国在无障碍环境建设的过程中，残疾人组织一直是一支非常活跃的力量。这些组织积极进行无障碍环境建设理念和意义的宣传，积极监督无障碍法

> 规的实施，积极维护残疾人无障碍权利，并进行调查，为法规和细则的出台提供切实可行的建议。

第五节　无障碍交通出行评价机制

一、建立评价指标体系的意义

随着我国老年人、残疾人数的不断增长，对交通出行服务和交通治理体系、治理能力现代化的要求不断提高，无障碍交通出行环境建设也变得越来越重要。无障碍是体现城市发展文明程度的重要标志，当前我国城市的无障碍交通出行尚处于起步阶段，基础设施建设改造不到位、设备更新不及时、政策标准不适应、服务水平不达标等问题仍较为突出，与老年人、残疾人安全、便捷、高品质、一体化、人性化的交通出行需求相比，还有较大差距。

近年来，交通运输部在国家公交都市建设示范工程、综合运输服务示范城市、绿色出行创建行动等工作中，都增加了无障碍交通出行的相关评价指标。住建部积极推进无障碍环境市县村镇创建工作，并制定了相应的创建工作标准。北京、上海、广州、深圳等城市积极创建无障碍城市和老年友好城市，开展无障碍交通出行环境建设和改造，发布了多项无障碍交通出行相关政策。然而目前在城市层面的无障碍交通出行服务评价方面，国内外尚缺乏系统性的评价指标体系。

《交通强国建设纲要》，明确"到 2035 年，无障碍交通出行服务体系基本完善"的发展目标，并提出完善无障碍基础设施的重点任务。《国家综合立体交通网规划纲要》明确提出"加强交通运输人文建设。完善交通基础设施、运输装备功能配置和运输服务标准规范体系，满足不同群体出行多样化、个性化要求。加强无障碍设施建设，完善无障碍装备设备，提高特殊人群出行便利程度和服务水平。健全老年人交通运输服务体系，满足老龄化社会交通需求。创新服务模式，提升运输服务人性化、精细化水平。"

在此背景下建立无障碍交通出行发展水平评价指标体系，具有重要意义：一是有利于对各城市无障碍交通出行体系发展的整体情况进行科学、系统评价；二是有利于建立统一的评价体系框架，从而开展同一城市的历史纵向比较和不同城市之间的横向比较；三是有利于通过评价查找不足，进而指导无障碍交通出行环境建设，促进我国无障碍交通出行服务水平整体提升。

本节在参考借鉴国内外无障碍和老龄人群出行相关评价指标体系的基础上，从点、线、面等不同维度研究构建城市无障碍交通出行评价指标体系，最终应用于我国各地城市无障碍交通出行情况的评价和比较，从而进一步引导城市无障碍交通出行发展。

二、指标体系构建原则

构建无障碍交通出行发展水平评价指标体系，应基于综合性、导向性、实用性、可比性和定性与定量分析相结合等原则，从而保证评价指标体系的系统性、全面性和科学性。

（一）综合性原则

选取的评价指标要能够综合反映无障碍交通出行服务体系的整体发展水平，并要尽可能多的反映其各个侧面，以保证评价的全面性和可靠性。

（二）导向性原则

评价指标体系的指标选取和权重设置要体现导向性，可对城市的无障碍交通出行发展进程作出适当评价和判断，科学判断不同阶段的努力方向和工作重点。

（三）实用性原则

评价指标体系应层次清晰、指标精练、方法简洁，便于实际应用和推广，指标的选取要有可操作性，含义明确易被理解，量化指标所需资料收集方便，指标与数据计算应以科学理论为依据。

（四）可比性原则

在确定评价指标体系时，应合理地选用相对指标和绝对指标，且指标适合于同一城市不同时期的纵向对比，也能用于不同城市之间的横向对比。

(五)定性与定量分析相结合原则

交通运输系统是一个复杂系统,将定性指标和定量指标结合起来才能构建完整的评价指标体系。定量指标需要结合来自实际的定性研究,才能做出正确的结论。反之,有定量数据支持的定性结果,有利于决策者发现问题。

三、指标选取思路

无障碍交通出行发展水平评价指标选取要与《交通强国建设纲要》《国家综合立体交通网规划纲要》等要求相衔接,以安全、便捷、高效、绿色、经济为基本价值取向。评价指标体系从点、线、面三个维度构建准则层,分别对应:基础设施和交通工具无障碍(点)、交通出行便捷舒适(线)、无障碍交通出行体制机制保障(面)。

其中,"基础设施和交通工具无障碍"对应狭义的无障碍要求,衡量无障碍交通出行的包容性、普适性和通用性,是无障碍交通出行环境建设的基础和重中之重,主要对应安全、便捷的价值取向;"交通出行便捷舒适"对应广义的无障碍要求,衡量无障碍交通出行的可达性、舒适性和一体化程度,主要对应便捷、绿色、高效的价值取向;"无障碍交通出行体制机制保障",衡量无障碍交通出行的保障性、经济性和满意度,主要对应便捷、经济的价值取向(表6-5-1、图6-5-1)。

表6-5-1 无障碍交通出行发展水平评价指标体系结构设计

目标层	准则层	评价内容	价值取向
无障碍交通出行发展水平评价指标体系	基础设施和交通工具无障碍(点)	包容性、普适性、通用性	安全、便捷
	交通出行便捷舒适(线)	可达性、舒适性、一体化	便捷、绿色、高效
	无障碍交通出行体制机制保障(面)	保障性、经济性、满意度	便捷、经济

(一)基础设施和交通工具无障碍(点)

"基础设施和交通工具无障碍"对应狭义的无障碍要求,衡量无障碍交通出行的包容性、普适性和通用性,是无障碍交通出行环境建设的基础和重中之重,主要对应安全、便捷的价值取向。该准则层下的评价指标可从表中选

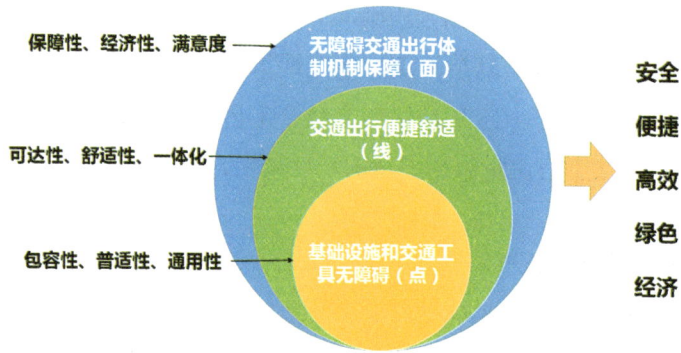

图 6-5-1 无障碍交通出行发展水平评价指标体系构建逻辑图

表 6-5-2 基础设施和交通工具无障碍评价指标

准则层	序号	评价指标
基础设施和交通工具无障碍（点）	1	轨道交通场站无障碍水平
	2	公共汽电车场站无障碍水平
	3	轨道交通车辆无障碍水平
	4	公共汽电车车辆无障碍水平
	5	出租汽车车辆无障碍水平
	6	公共停车场无障碍水平
	7	城市步行环境无障碍水平
	8	无障碍交通出行信息服务水平

取（表6-5-2），也可根据各城市的实际情况，增加相应的具体评价指标。

（二）交通出行便捷舒适（线）

"交通出行便捷舒适"对应广义的无障碍要求，衡量无障碍交通出行的可达性、舒适性和一体化程度，主要对应便捷、绿色、高效的价值取向。该准则层下的评价指标可从表中选取（表6-5-3），也可根据各城市的实际情况，增加相应的具体评价指标。

（三）无障碍交通出行体制机制保障（面）

"无障碍交通出行体制机制保障"，衡量无障碍交通出行的保障性、经济性和满意度，主要对应便捷、经济的价值取向。该准则层下的评价指标可从表中选取（表6-5-4），也可根据各城市的实际情况，增加相应的具体评

表6-5-3 交通出行便捷舒适评价指标

准则层	序号	评价指标
交通出行便捷舒适（线）	1	公共交通换乘衔接水平
	2	公共交通站点500米覆盖率
	3	公共交通正点率
	4	早晚高峰时段公共交通平均拥挤度
	5	人行道占城市道路网比例
	6	客运枢纽内换乘衔接便利性

表6-5-4 无障碍交通出行体制机制保障评价指标

准则层	序号	评价指标
无障碍交通出行体制机制保障（面）	1	无障碍交通出行政策法规和组织保障
	2	无障碍交通出行服务能力
	3	老年人和残疾人公共交通票价优惠
	4	无障碍交通出行乘客满意率

价指标。

四、指标体系的应用

无障碍交通出行发展水平评价指标体系从基础设施和交通工具无障碍（点）、交通出行便捷舒适（线）、无障碍交通出行体制机制保障（面）三个维度构建评价指标体系，最终实现对城市层面的无障碍交通出行发展情况的评价和比较，从而进一步引导我国各地城市的无障碍交通出行发展，助力交通强国、公交都市、无障碍环境市县村镇创建、无障碍环境公益诉讼等相关工作。指标体系的具体应用包括：

一是事前评价。可结合城市的无障碍环境建设情况摸底排查和整改等工作，通过无障碍交通出行发展水平评价指标体系的综合评价查找不足、发现短板，进而指导城市的无障碍交通出行环境建设和整改，促进无障碍交通出行服务水平整体提升。

二是事中评价。在建设、整改等工作过程中，通过无障碍交通出行发展水平评价指标体系统一的评价体系框架，开展同一城市的历史纵向比较和不同城市之间的横向比较,从而更好地把控过程和进度。

  三是事后评价。在建设、整改等工作完成后,利用无障碍交通出行发展水平评价指标体系开展验收考核评价,对城市无障碍交通出行发展水平进行打分,最终结果通过相关机制发布,实现对各城市无障碍交通出行发展水平的排名和认证。

第七章

无障碍交通出行政策与规划

第一节　无障碍交通出行政策体系构建

在我国，由于长期的行业分割管理，无障碍交通出行一直缺乏系统的政策体系指导，从而导致了无障碍交通出行系统在规划、建设、运营管理各环节发展滞后。因此，有必要从更高层面加强无障碍交通出行政策领域的研究工作，理顺和协调政策关系、明确发展方向，具有十分重要的现实意义。基于以上背景和问题分析，以下从政策制定主体、政策体系建立基本原则、政策体系基本框架及体系构式方面提出发展建议。

一、我国无障碍交通出行政策的制定主体

无障碍交通出行政策应该是由政府主导制定、实施。考虑到我国城市众多，在城市发展阶段、人口规模、自然特点等方面差别较大，为避免"一刀切"，体现因地制宜和量力而行的原则，无障碍交通出行政策的制定主体应包括国家层面的政府和城市层面的政府，并有着不同的任务要求。即由国务院有关部门进一步研究出台相关法规制度，各地进而配套完善地方性政策。

国家层面。无障碍交通出行问题的彻底解决必须有完善的法律法规为保障。国家相关部门对无障碍交通出行做出普适性的政策，借鉴国际经验，上升到法律层面。对全国无障碍交通出行的宏观要求做出相应的规定，并对其他法规的制定要求做出相应的规定。

城市层面。促进无障碍交通出行可持续发展，城市政府承担主要职责。城市人民政府和相关管理部门要依据国家的法规和相关政策，根据城市的情况做出城市的细化规定。

二、政策体系建立的基本原则

坚持普惠与特惠相结合。既要通过普惠性制度安排给予老年人、残疾人

出行者以公平待遇，保障他们的基本出行需求，又要通过特惠性制度安排给予特别扶助和优先保障，解决好他们的特殊困难和特殊需求。

坚持政府主导与社会参与、市场推动相结合。既要突出政府责任，确保出行者公平享有基本民生保障和基本公共服务，依法维护好出行者平等权益，又要充分发挥社会力量、残疾人组织和市场机制作用，满足出行者多层次、多样化的需求，营造友好型出行环境。

坚持统筹兼顾与分类指导相结合。既要加强对城市、农村地区和老年人、重度残疾人的重点扶持，统筹推进城乡区域无障碍建设进程，又要充分考虑城乡和地区差异，使无障碍建设的进程与当地全面小康进程相协调、相适应。

三、无障碍交通出行政策的基本框架

无障碍交通出行体系由出行的基础设施、技术装备和管理服务三个系统构成，无障碍交通出行政策是由上述三个方面的政策具体组成。无障碍交通出行是综合交通体系的重要组成部分，综合交通体系是我国经济社会系统的必不可少的构成。

在无障碍交通出行体系中，基础设施的政策是其他政策的基础，其他政策是以基础设施建设为中心而制定的。无障碍交通出行技术装备政策有助于提高基础设施利用效率，优化老残出行者的出行行为。无障碍交通出行管理服务政策是引导出行行为、规范出行行为的保障。

四、无障碍交通出行政策体系构成

（一）基础设施方面的政策

基础设施的规划政策。无障碍基础设施与综合交通规划与城市总体规划、城市控制性详细规划关系密切，各类规划要统筹城市发展布局、功能分区、用地配置和综合交通、无障碍交通出行的协调发展，做到各规划之间相互衔接、有所侧重。

基础设施规模、结构和布局的政策。这类政策多以规划形式出现，主要包括基础设施的数量、各类基础设施的空间分布等。也包括为了实现规划目标而制定的相关政策。

产业化政策。吸引并鼓励社会资本参与无障碍交通出行基础设施的建设，推进产业化发展，是国际的一般做法。此类政策要平衡社会投资营利性要求和基础设施的服务功能，政府要保留对收费价格、利润率调节的控制权。

其他相关政策。如土地政策、财税政策等。

（二）技术装备方面的政策

目前无障碍交通出行新技术主要包括假肢、轮椅、拐杖、服务残疾人的电子产品、移动应用软件（APP），以及慢行环境、公共交通工具交通场站内配备的无障碍设备等方面，技术装备方面的政策主要是支持和鼓励上述新技术的开发和应用，包括科技研发政策、科技应用推广政策、国产化政策、技术标准和规范等。

（三）管理服务方面的政策

管理体制。目前无障碍交通出行属于多头管理，改革方向是建立综合、一体化的管理体制。地方各级政府要将加快无障碍交通出行建设进程纳入全面建成小康社会大局、纳入重要议事日程，列为政府目标管理和绩效考核内容。

约束政策。加强无障碍设施日常维护管理和监督使用，加强残疾人服务行业管理，健全行业管理制度。该类政策主要是对违法占用无障碍设施设备的行为管理、处罚，通过惩罚性措施促进行为的规范、有序。

第二节　无障碍交通出行规划体系

一、无障碍交通出行规划现状

（一）我国现行规划体系

国民经济和社会发展规划是国家加强和改善宏观调控的重要手段，也是政府履行经济调节、市场监管、社会管理和公共服务职责的重要依据。我国现行的国民经济和社会发展规划按行政层级分为国家级规划、省（区、市）

级规划、市县级规划；按对象和功能类别分为总体规划、专项规划、区域规划。

（二）我国现行规划中无障碍相关内容

当前，我国还未构建无障碍专项规划体系，在无障碍交通出行规划体系方面的规划研究国内鲜有成熟的先例，目前还处于探索阶段。我国的无障碍交通出行设施建设尚未形成一个完整的无障碍交通出行体系，亟须先进无障碍理念的指导。因此需要充分借鉴国内外先进城市及地区发展经验和先进理念，并结合我国各个地区的实际，构建无障碍交通出行规划体系。

在我国各级政府主管部门出台的规划不同程度涉及无障碍的问题，《中华人民共和国国民经济和社会发展第十三个五年规划纲要》《"十三五"国家老龄事业发展和养老体系建设规划》《国家残疾预防行动计划（2016—2020年）》《国家人权行动计划(2016—2020年)》《农村残疾人扶贫开发纲要（2011—2020年)》等规划对居家环境、公共建筑、道路等方面的无障碍环境建设提出了要求。《城市公共交通"十三五"发展纲要》对城市公交车辆无障碍提出了要求（表7-2-1）。

表7-2-1 我国现行相关规划中无障碍交通出行相关内容

序号	发文部门	名称	内容
1	第十二届全国人民代表大会第四次会议	中华人民共和国国民经济和社会发展第十三个五年规划纲要	提升残疾人服务保障水平。加强残疾人无障碍设施建设和维护。 扶残助残。有条件的地方对贫困残疾人基本型辅助器具配置和贫困残疾人家庭实施无障碍改造给予补贴。
2	国务院	"十三五"国家老龄事业发展和养老体系建设规划	推进老年宜居环境建设。严格执行无障碍环境建设相关法律法规，完善涉老工程建设标准规范体系，在规划、设计、施工、监理、验收、运行、维护、管理等环节加强相关标准的实施与监督。加强与老年人自主安全地通行道路、出入相关建筑物、搭乘公共交通工具、交流信息、获得社区服务密切相关的公共设施的无障碍设计与改造。加强居住区公共设施无障碍改造，重点对坡道、楼梯、电梯、扶手等公共建筑节点进行改造。探索鼓励市场主体参与无障碍设施建设和改造的政策措施。

续表

序号	发文部门	名称	内容
3	国务院	国家残疾预防行动计划（2016—2020年）	推进无障碍环境建设。推进政府机关、公共服务、公共交通、社区等场所、设施的无障碍改造，新（改、扩）建道路、建筑物和居住区严格执行国家无障碍设计规范。有条件的地方对贫困残疾人家庭无障碍改造给予补贴。加强信息无障碍建设，鼓励省（区、市）、市（地）电视台开设手语栏目，市（地）级以上政府网站无障碍服务能力建设达到基本水平。
4	国务院、外交部	国家人权行动计划（2016-2020年）	建立健全老年宜居环境政策法规和标准规范体系。继续提高新建公共设施和涉老设施无障碍率，推进老年宜居环境建设。全面推进无障碍环境建设。确保新（改、扩）建道路、建筑物和居住区配套建设无障碍设施，推进已建设施无障碍改造。加强政府和公共服务机构、网站无障碍改造，推动食品药品信息识别无障碍和影视节目加配字幕、手语，促进电信业务经营者、电子商务企业等为残疾人提供信息无障碍服务。进一步完善残疾人驾车服务措施。加大贫困重度残疾人家庭无障碍改造工作力度。
5	国务院	农村残疾人扶贫开发纲要（2011-2020年）	有条件的地方可适当提高对特困残疾人家庭危房改造补贴标准并实施居家无障碍改造。"十二五"期间，有条件的地方对贫困残疾人家庭无障碍改造给予补贴。
6	交通运输部	城市公共交通"十三五"发展纲要	积极推广应用无障碍化城市公交车辆，完善无障碍设施，方便残疾人乘用。

二、无障碍交通出行设施分类

根据无障碍设施的实际用途和设置位置，可将无障碍交通出行设施分为以下六大类型：

（一）慢行无障碍通道类。依托城市道路、广场、地块内部及相邻地块之间形成的无障碍人行步道，主要包括缘石坡道、轮椅坡道和盲道(行进盲道和提示盲道)等。

（二）常规公共交通类。主要包括无障碍公共交通线路和无障碍公交站台等。

（三）交通建筑物无障碍通道类。主要指轨道站点和公共交通（枢纽）建筑物内部在交通流线上，为保证使用者正常通行的各类无障碍设施，主要包括无障碍入口坡道、无障碍垂直电梯、无障碍升降平台和无障碍停车位等。

（四）无障碍交通工具类。主要是为所有人提供对外出行服务的无障碍交通工具，主要包括无障碍公共巴士、无障碍出租车和无障碍小汽车（阳光车队）等。

（五）无障碍导盲设施类。主要是为视力障碍者提供可识别的出行信息并引导其实现出行目的的辅助设施，如导盲杖、地铁和公共交通中使用的无障碍导盲系统等。

（六）无障碍指示标识类。主要是指为方便残疾人识别和使用无障碍设施的指示标识或关爱指引，包括无障碍通行标志、过街音响信号装置、盲文站牌和盲文地图等。

三、无障碍交通出行规划体系

（一）规划体系构成

无障碍交通出行规划体系构建是一个系统工程，主要涵盖慢行通道、常规公共交通、轨道交通及交通建筑、交通工具、无障碍导盲系统和交通标识六大类型。

（二）无障碍交通体系规划

1. 慢行通道无障碍规划指引

慢行通道无障碍规划体系主要依托城市道路、广场、地块内部及相邻地块之间形成的无障碍人行步道（包括绿地内的休闲路径与商业街内部的购物路径），分别从点、线、面三个层面系统地建设慢行通道无障碍体系。其中，在点层面上，主要依托具体的无障碍设施物质要素，如路口缘石坡道、二次过街安全岛无障碍通道、人行天桥、人行地道无障碍坡道和盲道等；在线层面上，主要依托城市生活性主干道形成主要无障碍廊道，依托城市生活性次支路形成主要无障碍集散道；在面层面上，主要依托城市主要无障碍廊道、无障碍集散道及各具体的无障碍设施物质要素形成区域范围内的无障碍慢行交通环境。

2. 常规公共交通无障碍规划指引

公共交通无障碍规划体系涵盖无障碍公交站台和无障碍公交线路等方面，具体设施要素包括无障碍公交线路及无障碍公交站台的无障碍通道、盲道（行进盲道和提示盲道）和坡道等。无障碍公交站台主要依托无障碍公交走廊，无障碍公交线路布设主要经过重点公共场所。

3. 轨道交通及交通建筑无障碍规划指引

通过轨道交通及交通建筑周边地区的无障碍规划指引，指导新建和已建的各轨道站点、民用机场、铁路旅客车站、汽车一级站和客运码头等主要交通建筑的无障碍设施建设与改造，建设高效、连贯的无障碍轨道站点和交通枢纽，形成依托各主要交通建筑的无障碍综合区。

4. 无障碍交通工具发展规划指引

无障碍交通工具主要是为所有人提供对外出行服务的交通工具，主要包括无障碍公共汽车、无障碍出租车、无障碍小汽车（阳光车队）、无障碍康复巴士和社区巴士等。无障碍公共汽车发展指引建议包括：①宜采用底盘低并设有无障碍踏板的公交车，车上应设有轮椅席位及固定装置、呼叫按钮等设施，车厢内外应设置到站显示屏和报站语音提示；②加强对无障碍公交车辆的更新与改造，建议在每条公交线路上都配置一定比例的无障碍公交车，重点覆盖残疾人、老年人聚居区。

无障碍出租车系统主要涉及无障碍出租车投放车型、投放数量、制定营运服务方式、营运监管办法及营运票价等。结合国内外无障碍出租车投放经验，提出无障碍出租车发展指引，主要包括：①无障碍出租车服务应以公益性定位为主；②应出台相应的监管措施或办法，加强对无障碍出租车的监管；③无障碍出租车不应仅为残疾人提供服务，还应为老年人、孕妇和病患者等行动不便人士提供出行服务；④加强对无障碍出租车的宣传，让更多的残疾人、老年人、孕妇和病患者等特殊群体了解这项服务；⑤必须建有电召平台，推出无障碍电召出租车；⑥可新购置或对已有的车型进行改装，尽量采用轮椅直入"英伦式"无障碍出租车，以方便行动不便人士乘车。

同时，鼓励有关汽车企业生产无障碍小汽车；建议在残疾人、老年人聚集且公交未覆盖的区域开通社区巴士（介于公交和出租车之间的交通工具）；残联可借鉴香港的经验，根据残疾人康复需要配置无障碍康复巴士。

5. 无障碍导盲系统发展规划指引

无障碍导盲系统由手持终端机、公交站台主机和公交车车载平台三大部分组成，其原理是通过车载平台、公交站台主机和手持终端机之间的双向信号交流，实现视力残疾人士的出行，目前多用在地铁及公交系统中。结合国内外无障碍导盲系统实践经验，提出无障碍导盲系统发展规划指引。

6. 交通标识无障碍规划指引

交通标识无障碍体系发展应在重点地区及主、次、支路网覆盖的地区协同布设无障碍交通标志；在城市偏远地区、城市工业区及残疾人很少活动的区域设置人性化、精细化的关爱标识，如在无法使用垂直电梯的人行天桥入口处设置关爱标识，鼓励健全人帮助行动不便人士出行。

第八章
无障碍出行标准体系

无障碍出行标准体系是无障碍出行立法的技术基础，也是指导我国无障碍设施建设和无障碍出行产品设计的关键，完善的无障碍出行标准体系有利于引导规划者从以人为本的角度来设计交通出行，确保无障碍出行的可达性，有利于推进全社会无障碍出行环境的不断完善，是提升无障碍出行服务水平的重要环节。

第一节　无障碍出行标准概述

一、无障碍出行相关标准现状

为规范建设无障碍设施，1986年7月建设部、民政部、中国残疾人福利基金会共同编制了《方便残疾人使用的城市道路和建筑物设计规范（试行）》，于1989年4月1日颁布实施，这是我国首部无障碍建设设计标准，标志着我国无障碍设施建设工作走上正规化。1998年4月，建设部下发《关于做好城市无障碍设施建设的通知》，同年6月，建设部、民政部、中国残联联合发布《关于贯彻实施方便残疾人使用的城市道路和建筑物设计规范的若干补充规定的通知》，对城市无障碍建设提出了进一步的具体要求。1998年建设部等部门组织力量，在认真总结实践经验，参考有关国际标准和国外先进技术的基础上，着手对《方便残疾人使用的城市道路和建筑物设计规范》进行修订，2001年建设部、民政部、中国残联联合发布第一个强制性规定《城市道路和建筑物无障碍设计规范》。这部规范不仅对建设范围、建设标准、建设要求作了更加明确的规定，并将其中的24条内容列入国家强制性标准的条文，规定必须执行，提出"公交车站属于城市道路无障碍设计的范围""主要公交车站应设提示盲道和盲文车站牌"。2002年10月起，按照《全国无障碍设施建设示范城（区）工作实施方案》和《全国无障碍设施建设示范城（区）标准》的要求，北京、天津、上海、大连、青岛、南京、杭州、厦门、广州、西安、苏州、秦皇岛等12个城市开展了无障碍建设，相继提出了对城市道路和建筑物无障碍建设的规定。2009年起,为进一步提高无障碍标准的约束力和执行力,根据经济社会发展和广大残疾人的需求,建设部、民政部、中国残联组织对《城市道路和建筑物无障碍设计规范》再次进行了修订,增加了城市绿地、历史文物保护建筑改造、信息交流无障碍的内容,扩大了建筑类型以及无障碍设施的类型,将名称变更为《无障碍设计规范》(GB 50763-2012),并上升为国家标准,于2012年9月1日实施。这对于进一步规范中国无障碍建设,加快中国无障碍建设发展,切实保障残疾人、老年人等社会成员参与社会生活权益具有重要意义。此外,我国还先后发布了《老年人建筑设计规范》(JGJ 122-99)、《老年人居住建筑设计标准》(GB/T 50340-2003)、《无障碍设施施工验收及维护规范》(GB 50642-2011)等十余项无障碍相关标准,加强对无障碍环境建设的指导与规范。

交通运输行业的无障碍建设近年来也取得了突出进展,在国家的支持以及一些社会团体、单位的协助下,近年来已有多项无障碍出行基础设施建设方面的国家标准和行业标准颁布实施,为交通无障碍建设提供了技术指导和支持。2005年铁道部发布实施了《铁路旅客车站无障碍设计规范》(TB 10083-2005),加快推进铁路旅客车站无障碍改造,同时制定了列车无障碍改造工作计划;建设部发布实施了《无障碍低地板、低入口城市客车技术要求》(CJ 207-2005),规定了无障碍低地板、低入口城市客车的要求。2009年,中国民用航空局发布了《民用机场旅客航站区无障碍设施设备配置标准》(MH/T 5107-2009),规范了民用机场旅客航站区停车场、室外通路、航站楼、站坪等区域内的无障碍设备配置要求。2017年国家质量监督检验检疫总局和国家标准化管理委员会联合发布了《城市公用交通设施无障碍设计指南》(GB/T 33660-2017),对城市交通标志、交通信号灯、人行道、人行天桥、停车场等交通设施的无障碍设计提出了要求。2019年国家市场监督管理总局和国家标准化管理委员会发布了《铁道客车及动车组无障碍设施通用技术条件》(GB/T 37333-2019),规定了铁路客车及动车组的轮椅坐席、无障碍卫生间、行动障碍者座椅、行动障碍者卧铺、扶手、呼叫装置等无障碍设施的技术要求。这些标准的制定,完善了公路、铁路、城市客运等交通方式的交通枢纽、运输工具的无障碍出行基础设施建设,切实为残疾人出行提供了便利。

地方层面,山西省于2011年发布了《山西省城市公共汽电车服务规范》

（DB14/T599-2011），要求建设城市公交车站时，必须建设无障碍设施。北京市在无障碍出租车标准规范领域开展了积极探索。"十二五"期间，北京市交通委会同市残联共同编制了《无障碍出租车专用技术要求》和《无障碍出租车驾驶员培训手册》；2016 年北京市交通委组织三家运营企业制定了《无障碍出租车运营服务标准（试行）》，并取得良好成效。

二、其他标准规范中无障碍出行的相关内容

除了上述无障碍出行相关标准外，我国部分国家标准和行业标准也考虑到无障碍设施设备的设计和使用问题，对无障碍出行做了规定（表 8-1-1）。

表 8-1-1 现有标准中无障碍出行的相关内容

	标准名称	标准号	相关内容
1	城市轨道交通运营管理服务	GB/T 30012-2013	规定了运营单位应确保车站无障碍设施设备完好，并配置醒目、明确、规范的标志标识。列车内安全标识、引导标识、无障碍设施、广播设施和灭火器等应设置齐全。
2	城市轨道交通客运服务规范	GB/T 22486-2008	规定应为残障等特殊乘客提供相应的服务。无障碍服务设施应保证正常使用。列车上的特殊乘客优先座椅应有明显标识。
3	城市公共汽电车客运服务规范	GB/T 22484-2016	对公交车站台、站牌、运营车辆等无障碍基础设施建设进行标准规范，并要求对车厢内老年人、残疾人采取无障碍服务。
4	汽车客运站级别划分和建设要求	JT/T 200-2014	三级以上汽车客运站必须配备供老、弱、病、残、孕等旅客使用的重点旅客候车室、无障碍通道及残疾人服务设施。
5	高速公路交通工程及沿线设施设计通用规范	JTG D80-2006	明确了残疾人卫生间、无障碍通道、残疾人专用车位、残疾人专用餐位等具体要求。
6	汽车客运站服务星级划分及评定	JT/T 1158-2017	明确将公共系统无障碍要求作为站级评定和服务星级评定的评分项，并细化指标项。
7	海港总体设计	JTS 165-2013	对客运码头的无障碍通道及设施建设提出了具体要求。
8	游艇码头设计规范	JTS 165-7-2014	对客运码头的无障碍通道及设施建设提出了具体要求。

续表

	标准名称	标准号	相关内容
9	邮轮码头设计规范	JTS 170—2015	对客运码头的无障碍通道及设施建设提出了具体要求。
10	地铁设计规范	GB 50157—2013	增加了强制性条款"地铁工程应设置无障碍成型和使用设施"。
11	城市轨道交通试运营基本条件	GB/T 30013—2013	规定了车站内、列车内的安全标识、引导标识、无障碍设施等应设施齐全，功能完好。
12	出租汽车运营服务规范	GB/T 22485—2013	明确了配备专用装置，能够满足行动不便乘客出行服务需求的出租汽车的要求，并鼓励出租汽车经营者使用无障碍车辆。要求其升降机、厢门搭扣等专用装置功能正常，轮椅、拐杖安放空间充足，固定牢靠无松动。
13	公共汽车类型划分及等级评定	JT/T 888—2014	规定了所有类型的公共汽车均应安装优先座椅，大型、特大型公共汽车应具备残疾人轮椅通道或轮椅固定装置，并对低地板后桥和一级踏步做出规定，以方便残疾人上下车。

三、相关法规和政策文件对无障碍出行标准的补充

除了无障碍出行标准规范外，我国也通过发布法律、规则和政策文件等方式，对无障碍出行的内容做了规定，对标准规范中未规定的事项做了补充。

铁路方面，为了规范铁路旅客运输服务质量，2014年铁路总公司颁布《铁路旅客运输服务质量规范》（铁总运〔2014〕178号）文件，明确了重点旅客服务要求，对无障碍设施处所明确了标识样式，规定有故障及时维修或报修，不得将无障碍设施挪作他用，确保重点旅客的使用。下发《特殊重点旅客服务规范》，要求对行动不便、使用无障碍设施也不能自由进出站的老人、病人和靠辅助器具才能行动的残疾人等特殊重点旅客，全国铁路各车站、列车均实行重点服务，建立电话预约和站车交接制度，实现购票、候车、进站、乘车等各环节的"一条龙"服务。铁路的各地各客运段相继制定了细化的特殊旅客服务标准，如武汉铁路局出台了《武汉铁路局站车重点旅客服务办法》，明确了重点范围站，对重点旅客从进站、候车、站台、旅行途中的服务流程及标准，按照"有需求有服务"，对重点旅客做到"三知三有"（知座席、知到站、知困难，有登记、有服务、有交接），重点关注，优先照顾。铁

路局 12306 客服中心和各车站开通了"微博、电话预约助行服务"。

航空方面,《残疾人航空运输管理办法》(民航发〔2014〕105 号)中规定了在购票、乘机、空中服务、轮椅使用、助残设备存放、服务犬运输、信息告知等方面,对残疾人进行航空运输服务,加大了机场、航空公司无障碍改造和无障碍设施配备工作力度,逐步完善对残疾人的服务。

水运方面,《内河船舶法定检验技术规则》中明确普通客船和客渡船应设置轮椅停放专用区域,应设置适当扶手或栏杆以供轮椅使用人在航行途中扶持。

邮政方面,《国家邮政局、中国残疾人联合会关于进一步加强邮政行业无障碍环境建设等相关工作的通知》(国邮发〔2017〕58 号)中要求各地新建、改建、扩建邮政营业场所等邮政基础设施时,应符合《无障碍环境建设条例》要求,参照《无障碍设计规范》进行无障碍设计和建设。对现有邮政营业场所等设施,各地要因地制宜,逐步推进无障碍改造。在改造过程中应力争场所出入口、柜台等达到无障碍标准,如有电梯、卫生间等设施,也宜进行无障碍改造,推进快递企业完善无障碍措施。

四、总结

随着城市无障碍出行环境建设的重要性日益增强,无障碍出行标准的制修订取得了初步成果,但关于无障碍出行的规范和标准多集中于城市道路、交通工具、公共建筑等领域,各城市出台的无障碍建设管理规定只是宽泛且定性地提及一些无障碍出行建设中需注意的问题,对无障碍出行设施设备如无障碍车辆、无障碍停靠站台的设计缺乏精细和统一的规划。因此,结合已有的规范,研究制定新的细则,特别是在无障碍出行设施的系统化、精细化设计方面进行规范,把各个方面、各个环节的无障碍设施联成一体,形成全方位、连续的而不是局部的、断续的无障碍,是无障碍出行标准建设的重要方面。此外,无障碍建设相关技术标准尚未完全得到有效执行,一些新建的交通基础设施还存在无障碍设施不规范或建设不完全等问题。

今后,我国还需不断加大无障碍出行标准研究的力度和深度,以使得无障碍出行标准体系更加完整,为无障碍立法做好准备,真正体现全人类共同、公平地使用社会资源。

第二节　无障碍出行标准体系框架

标准体系框架是标准体系表的结构性框架，主要是在对现有标准、正在制定的标准和行业内的标准需求等进行系统梳理与研究的基础上，确定分类依据，形成条理明确和层次清晰的标准框架。无障碍出行标准体系框架是对无障碍出行方面的现有和需要制修订的一系列国家和行业标准经过研究、分析以后，进行科学合理的安排，形成技术先进、层次分明、结构合理、系统配套的体系框架结构。因此编制无障碍出行标准体系框架既要遵守GB/T13016—2009《标准体系表编制原则和要求》，也要考虑无障碍本身的特点以及在管理过程中标准的应用特点。

一、标准体系框架构建的原则

（一）遵循标准化的基本原则，做到全面系统、重点突出

标准体系的建立必须遵循标准化"统一、简化、协调、选优"的基本原则，充分考虑标准体系的应有特征和属性。另外标准体系的建立要符合标准体系固有的特征和属性，把握当前和今后一个时期内无障碍出行标准建设工作的重点任务，确保标准体系的结构完整和重点突出。

（二）注重体系自身的层次性，避免交叉与重复

标准体系应具有一定的层次性，各层次标准之间要动态关联形成一个有机整体，以适应发展的需要。体系建立过程中要基于对无障碍出行业务领域的科学分类，按照体系协调、职责明确、管理有序的原则编制标准体系，确保总体系与子体系之间、各子体系之间、标准之间的相互协调，避免交叉与重复。

（三）应具备开放兼容性，定期进行动态优化

标准体系应进行动态调整以适应发展需要，因此必须保证标准体系的开

放性和可扩充性，为新的标准项目预留空间，同时结合发展形势需求，定期对标准体系进行修改完善，提高标准体系的适用性。

（四）立足于当前现实需求，建立适度超前可操作的标准体系

标准体系的构建要立足当前、关注长远；立足国情、面向国际。立足于我国无障碍出行对于标准化的现实需求的现实情况，分析未来发展趋势，建立适度超前、具有可操作性的标准体系。

二、标准体系框架设计

（一）标准体系结构图

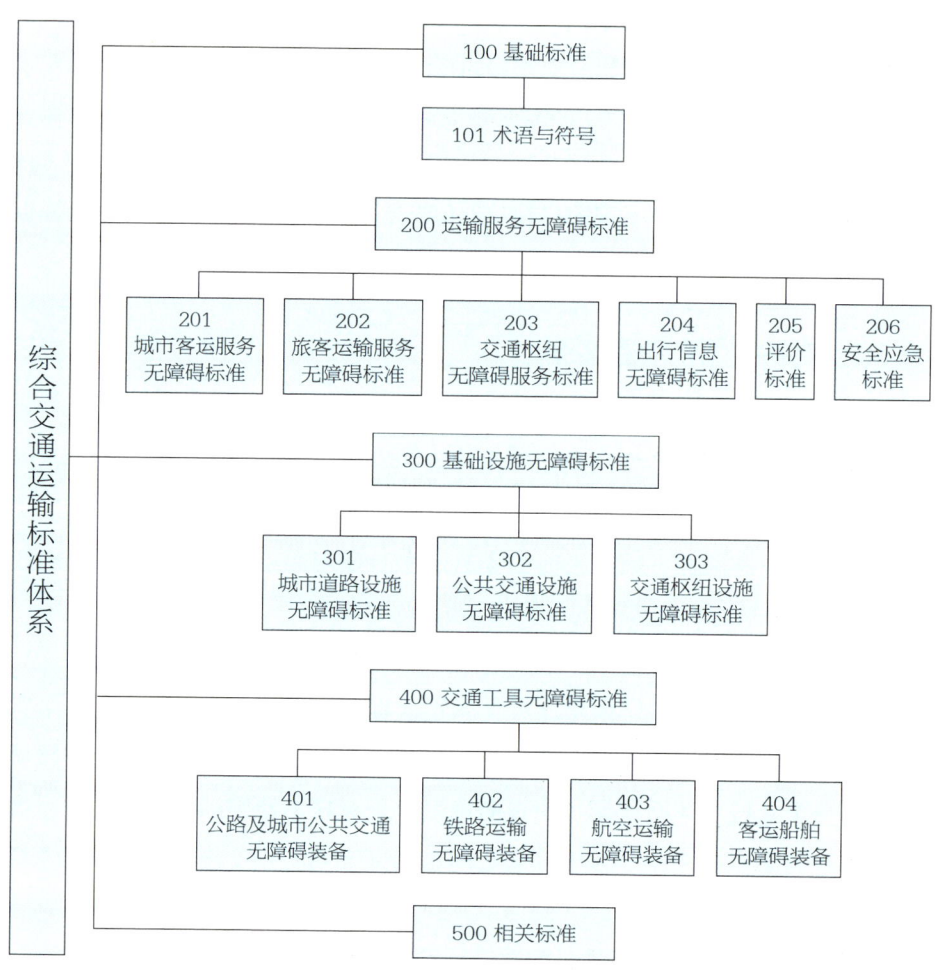

图 8-2-1　无障碍出行标准体系框架图

（二）标准类别

无障碍出行标准体系框架图中标准类别及内容说明（表 8-2-1）。

表 8-2-1　技术装备无障碍标准及相关内容

序号	标准类别	标准内容说明
1	100 基础标准	在本专业领域具有广泛适用范围或一个特定领域的通用条款的标准。 基础标准在一定范围内可以直接应用，也可以作为其他标准的依据和基础，具有普遍的指导意义。 基础标准主要包括：术语、符号、代号、代码等。
2	200 运输服务无障碍标准	运输服务无障碍标准用于规定服务应满足的要求以确保其适用性的标准。无障碍出行服务和管理类有关标准都可以划入这一类别，评价类标准、出行信息无障碍标准和安全应急也可划入本类别。
3	300 基础设施无障碍标准	基础设施无障碍标准是无障碍出行相关设施共同的和重复使用的规则、导则或特性的文件。 包括基础设施无障碍在设计、施工安装、验收、使用、维护及管理等多个环节的标准规范。
4	400 交通工具无障碍标准	规定交通工具相关的无障碍产品应满足的要求以确保其适用性的标准。根据其规定的内容包括以产品的技术要求和试验方法等命名的标准。 包括交通工具无障碍设施设备的技术要求和试验方法等的标准应包含在本类别中。
5	500 相关标准	与无障碍出行标准体系关系密切的技术标准

1. 基础标准

无障碍出行的基础标准主要包括无障碍出行术语与符号标准。

2. 运输服务无障碍标准

无障碍出行标准体系中的运输服务无障碍标准主要包括城市客运服务无障碍标准、旅客运输服务无障碍标准、交通枢纽无障碍服务标准、出行信息无障碍标准及其相关的评价标准、安全应急标准等。

城市客运服务无障碍标准主要包括了城市轨道交通、城市公交、出租车的无障碍服务要求。

旅客运输服务无障碍标准主要包括了民用航空器、客运列车、客运船舶、客运大巴的无障碍服务要求。

交通枢纽无障碍服务标准主要包括了综合客运枢纽、机场、铁路客运站、公路客运站、公路客运港口码头、地铁站等交通枢纽内无障碍服务要求。

出行信息无障碍标准主要涵盖了各类公共交通工具、公共交通建筑内的信息无障碍服务要求。

评价类标准主要包括各类设施设备的无障碍出行服务水平评价标准等。

安全应急类标准主要包括公共交通建筑内的障碍旅客应急疏散服务标准等。

3. 基础设施无障碍标准

基础设施无障碍标准主要包括城市道路设施无障碍标准、公共交通设施无障碍标准、交通枢纽设施无障碍标准等技术标准。

城市道路设施无障碍标准包括城市道路、景区道路、人行横道、路缘石坡道、交叉路口、街坊路口、人行通道、人行天桥、人行隧道、立体交叉、城市广场、过街音响信号装置等设施的无障碍设计技术要求和标准。

公共交通设施无障碍标准包括公交站点、轨道站点、公共停车场等设施的无障碍设计技术要求和标准。

交通枢纽设施无障碍标准包括铁路客运站、长途汽车站、机场航站楼、港口客运站等设施的无障碍设计技术要求和标准。

4. 交通工具无障碍标准

交通工具无障碍标准主要包括公路及城市公共交通无障碍装备标准、铁路运输无障碍装备标准、航空运输无障碍装备标准、客运船舶无障碍装备标准。

公路及城市公共交通无障碍装备标准包括地铁（轻轨）、城市公交、无障碍车、无障碍出租车的技术要求和试验方法等内容。

铁路运输无障碍装备标准包括铁路客车及动车组内无障碍设备的技术要求和试验方法等内容。

航空运输无障碍装备标准包括航空器内无障碍设备的技术要求和试验方法等内容。

客运船舶无障碍装备标准包括客运船舶内无障碍设备的技术要求和试验方法等内容。

5. 相关标准

与无障碍出行标准体系关系密切的技术标准。

第三节 无障碍出行标准需求分析

一、基础标准需求分析

目前没有出台专门的无障碍出行术语和符号标准，相关内容在各领域标准中有所体现，建议出台专门的无障碍出行术语和符号标准。

1. 无障碍出行术语方面的标准，通过科学地统一和规范无障碍出行基本术语，明确无障碍出行的定义和服务对象、服务范围，科学定义盲道、无障碍出入口等无障碍出行设施和无障碍出租车、无障碍巴士、轮椅升降台等无障碍出行设备。

2. 无障碍出行符号方面的标准，提出坡道、优先座位、残疾旅客专区、无障碍车厢、无障碍出租车、紧急呼叫设施、婴儿护理、婴儿车等各类无障碍标识符号。

二、运输服务无障碍标准需求分析

交通运输部高度重视对运输服务无障碍建设的标准规范完善工作，近年来重点加强了交通运营管理与服务标准的完善，积极推进各种交通方式中无障碍运输服务标准规范的制修订工作，提升无障碍运输服务质量。

目前没有专门的无障碍出行运输服务标准，但相关标准中涉及了运输服务无障碍的相关内容，这些内容明确了要确保无障碍设施设备完好，配置醒目标志标识，为残疾人、老年人等特殊重点旅客提供便利的出行服务等内容。运输服务无障碍标准虽然已经有部分条款在已有标准中有所体现，但是标准深度和研究内容不足，需要通过进一步的研究来发展和完善。此外，在无障碍出行监管、评价、出行信息无障碍标准和障碍旅客安全应急等方面缺乏考虑。建议从以下几个方面考虑，出台相关标准。

1. 城市客运无障碍服务质量方面的标准，包括城市地铁、城市轻轨、城市公交、出租车的基本无障碍服务内容、无障碍服务基本要求、无障碍服务管理、无障碍服务监管等内容。

2. 交通枢纽无障碍服务方面的标准，包含机场、高铁站、汽车站、地铁站等交通枢纽的服务质量总要求、基本要求、服务内容要求、服务方式要求、服务环境要求、出行信息无障碍要求等系列标准。

3. 交通工具无障碍运营服务方面的标准，对障碍旅客在乘坐高铁、飞机、客运大巴、地铁（轻轨）、城市公交、无障碍出租车等交通工具的过程中，其所提供的无障碍运营服务做出要求，包括运营服务的总则、服务方式、服务站点、服务人员要求、服务流程、电召服务要求、网络预约服务要求、运输安全和服务评价等要求。

4. 无障碍出行标识规范等方面的标准，包括公交及地铁导盲系统、电子地图、盲文站牌、交通信息发布系统等无障碍出行标识，以及坡道、优先座位、残疾旅客专区等出行标识的分类、型式设计、设置位置要求以及制作维护要求，对个别设施设备，还应包括盲文符号和语音提示要求。

5. 交通工具和交通枢纽的出行信息无障碍标准，对交通工具和交通枢纽的信息无障碍设计做出要求，包括语音广播、电子信息导向系统、盲文标识指引、语音提示按钮、电子显示屏等要求，优先座椅和轮椅区通信装置、无座椅的低地板区的通信装置等的相关要求。

6. 交通枢纽无障碍出行服务质量评价标准，为促进无障碍出行服务质量不断提高，对机场、高铁站、汽车站、地铁站等交通枢纽的无障碍服务能力、服务质量评价指标、评定方法、等级划分、组织与管理等作出规定。

7. 障碍旅客安全应急方面的标准，提出机场、高铁站、汽车站、地铁站等交通枢纽在障碍旅客安全应急和疏散方面的相关要求，包括协同组织、应急处置、设备配置、能力评估方面的相关要求。

三、基础设施无障碍标准需求分析

为保证老年人、残疾人在使用公共交通出行时的方便性和安全性，应通过标准明确城市交通标志、交通信号灯、人行道、人行天桥、停车场等城市交通设施，以及机场、高铁站、汽车站、地铁站、公交站、公路服务区和停车区等交通建筑的无障碍标准。目前基础设施无障碍标准已经有《铁路旅客车站无障碍设计规范》(TB 10083-2005)、《民用机场旅客航站区无障碍设施设备配置标准》(MH/T 5107-2009)、《城市公用交通设施无障碍设计指南》等标准，建议从以下几个方面考虑，出台相关标准。

1. 客运枢纽无障碍设计标准，深化已有标准的制修订工作，对机场、高铁站、汽车站等客运枢纽的站房、站前广场、周围道路等都要实现无障碍化，对客运枢纽的无障碍客流组织进行进一步研究。

2. 客运枢纽无障碍设施设备配置要求，明确机场、高铁站、汽车站、地铁站等客运枢纽应配备的交通无障碍设施，并给出无障碍设施设备的主要技术指标和技术要求。

3. 客运枢纽无障碍导向标识要求，充分考虑方便障碍旅客换乘和集散出行，结合不同出行方式的场地设施、站务用房、地下车库、衔接换乘设施等的布设，对无障碍标识的设置地点、角度、安装高度、大小、形状等进行规范。

4. 公交车站无障碍设计要求，明确公交站点处的盲道、盲文站牌、公交车辆、缘石坡道，场站或者枢纽内部的配备无障碍设施（如垂直电梯、候车区盲道提示）等。改进街道和调整路缘石高度，尽可能发挥低底盘车辆的效益，保持公交站点处盲道与道路盲道的良好衔接。

5. 地铁站无障碍设计要求，明确地铁站盲道设计，无障碍出入口的宽度，无障碍电梯的位置到出入口坡道、电子信息牌等设计要求。

四、交通工具无障碍标准需求分析

1. 无障碍巴士技术要求，包括无障碍巴士上各类设施的尺寸标准，轮椅固定位置、固定轮椅的装置、轮椅升降台以及报站广播系统和醒目显眼的指示牌等无障碍服务设施，语音报站系统、字幕报站系统及落车钟导听系统等服务设备。

2. 无障碍出租车专用技术要求，规定无障碍出租车的车型要求、无障碍专用标志，车身颜色要求，以及无障碍出租车电话调度网络、特殊乘客专用座椅、行李箱安装轮椅、拐杖固定装置及厢门搭扣等安全装置要求。

3. 地铁车厢无障碍改造标准，对地铁车厢的无障碍设施关键参数进行研究，提出无障碍通行门、导板、扶手等设施设备配置要求，无障碍座位、轮椅席位及轮椅陪护席位以及对轮椅辅助车、紧急呼叫设备和信息显示系统、广播解说、视屏手语、盲文标识等方面的要求。

4. 航空飞行器专用机外升降设备，对航空飞行器专用机外升降设备进行研发规定其技术要求和试验方法等内容，包括结构类型、尺寸、功能要求、性能要求、承载能力、电源规格等专项要求。

第四节 无障碍出行标准体系发展建议

一、完善无障碍出行标准体系

无障碍出行标准涉及市政建设、公共交通、信息交流、社区服务等诸多领域，相关的主要部门有交通运输、城市建设、发改委、旅游等部门，是一项综合性、跨部门的系统工程。目前无障碍出行标准缺乏一个系统完善的标准体系，标准的制定和归口管理属于不同的行业标委会和管理部门，亟须建立一套完善的无障碍出行标准体系，指导无障碍出行标准的制修订工作。标准化体系由标准体系、管理机制、运行机制组成，这几项工作是有机结合的，需要长期在实际工作中磨合，不断发现其中的问题，不断修正才能使这几项工作之间的配合越来越紧密。完善无障碍出行标准体系工作，建立健全无障碍出行标准工作的长效机制，对理清综合交通标准体系也具有十分重要的作用。

二、推动无障碍出行标准全方位一体化发展

目前关于无障碍出行的规范和标准多集中于公共服务建筑空间（即物质环境）建设层面，各城市出台的无障碍建设管理规定只是宽泛且定性地提及一些无障碍出行建设中需注意的问题，除了缺乏服务性标准外，交通无障碍出行设施设备如无障碍车辆、无障碍停靠站台的设计缺乏精细和统一的规划，比如标准规范中没有公交站的盲道铺设标准和相关规范，人行道上的盲

道铺设与公交站的设立不匹配。因此，结合已有的规范，研究制定新的细则，特别是在无障碍出行设施的系统化、精细化设计方面进行规范，把各个方面、各个环节的无障碍设施联成一体，形成全方位、连续的而不是局部的、断续的无障碍，是无障碍出行标准建设的重要方面。

三、无障碍出行标准应体现通用性设计理念

无障碍出行的服务对象包含的人群很广泛，不仅指残障人士。我国已经步入老龄化社会，在无障碍出行标准制定的时候，应该充分考虑老人、由于自身生理阶段或者生理限制而不便使用各种设施的人群（如孩子、孕妇、病人）、因推婴儿车或携带大件行李等外在原因造成的行动不便的人群，及外国人和外地人等由于文化背景不同而造成出行不便的人群，他们都是公共交通无障碍设施的使用者。国际上交通无障碍在建设手法上正从物质环境的建设向全方位的无障碍建设方向发展；在设计手法上从原先的面向特殊需求人士的无障碍建设向面向所有社会群体的通用化方向发展。通用设计理念目前被欧美及日本等国家所接受，并已形成了完整的理论体系，根据无障碍整体理念，无障碍设施在服务对象上从一开始的面向残障人士转向惠及特殊需求人士并最终向所有社会成员方向扩展。

四、加强国际标准跟踪研究

积极参与国际标准化活动是加强无障碍出行标准化工作应着力推进的重点工作之一。我国无障碍出行标准制修订技术水平总体不高，与国际标准仍存在一定的差距，紧密跟踪与研究国际相关关键技术，努力掌握发达国家无障碍出行标准制定方面的经验和教训，理顺相关标准的流程、技术关键点，掌握国际无障碍设施设备最新发展动态，加强国际标准跟踪研究，积极引进、消化和吸收国际先进设施设备及相关标准，全面提高无障碍出行标准的水平。

五、加强对无障碍出行标准的落实和监管

虽然我国已有无障碍出行相关标准，但在规划设计、系统设施建设时，存在各种问题，老年人和残障人士并未被作为关注的对象之一予以考虑，无

障碍设施没有起到应有的效用，因此除了完善无障碍出行标准外，更应加强对无障碍出行标准的落实和监管，应执行相关规定，强制性要求新建、改建、扩建的公共交通基础设施符合无障碍出行建设标准；无障碍出行基础设施应当与主体工程同步设计、同步施工、同步验收投入使用。在工程设计、施工、建设、监理等环节要严格把关，对不执行无障碍出行相关标准的设施工程建设，依据《残疾人保障法》《建筑法》特别是《无障碍环境建设条例》《城市道路管理条例》《建设工程质量管理条例》等相关规定进行纠正及处罚。对于民用航空器、客运列车、客运船舶、公共汽车、城市轨道交通等公共交通工具无障碍设施技术标准，应配套出台相关文件法规，并确定改造达标期限。对于无障碍设施的维护，也应该出台相关规定，避免无障碍通道被阻挡或占用，无障碍升降电梯停运等现象。

第九章
无障碍交通出行治理能力建设

《交通强国建设纲要》中明确：到2035年，基本建成交通强国，基本实现交通治理体系和治理能力现代化；到本世纪中叶，全面建成人民满意、保障有力、世界前列的交通强国，治理能力达到国际先进水平。无障碍交通出行体系建设作为交通强国发展的突出短板，应该率先在提升无障碍交通出行治理水平上实现突破。

无障碍交通出行治理，要坚持从实际出发，根据我国无障碍交通出行环境建设实践成果，不断与时俱进，发展完善，主要从五方面着手：一要始终把坚持党的全面领导置于无障碍交通出行治理的首要位置，既保证无障碍交通出行治理具有坚强的组织保障，又能很好地贯彻落实党对推进无障碍交通出行环境建设的各项主张。二要牢固树立"一分部署，九分落实"的认识，切实提升政府执行力和治理效能。三要全力推进政府、市场、社会多方共治，共建共商共建共享的治理格局。四要积极推动治理思维和手段创新，丰富无障碍交通出行治理方略和内涵，提高治理能力。五要不断强化无障碍交通出行文化体系建设，更好发挥文化力量在无障碍交通出行治理中的支撑作用。

第一节 强化无障碍出行治理理念

无障碍出行治理的第一要义就是牢固树立符合我国国情的无障碍出行治理理念，为无障碍出行环境建设奠定总基调，保障其朝着更高质量、更有效率、更加公平、更可持续的方向前进。笔者通过研判我国现阶段交通无障碍建设基础与发展大势，提出人本治理、创新治理、协调治理、开放治理、共享治理五大无障碍出行治理理念，以下进行系统阐述。

一、人本治理

无障碍出行环境，顾名思义，是为满足存在出行障碍、具有特殊出行需求的人群所提供的人性化出行设施与服务。因此，无障碍出行环境建设应首先立足于人本视角。

人本治理，要求无障碍出行环境的设计、建设、运营和维护都要始终牢牢抓住以人为本这一主线，从实际出发，聚焦出行弱势群体的出行障碍与需求，切实保障其出行权益，提升交通运输基本公共服务均等化水平，发挥交通运输在保障和改善民生中的基础性作用。

二、创新治理

创新是引领发展的第一动力。无障碍出行环境的发展动力决定其发展速度、效能、可持续性。我国现已成为名副其实的交通大国，交通基础设施建设规模庞大、成绩斐然，但也同时加大了无障碍出行环境建设改造的难度。在这种背景之下，创新无障碍出行治理理念，将成为加速无障碍出行环境建设的突破口。

创新治理，就是要超前谋划、超前部署，以全面系统的视角，抓住无障碍出行环境发展的关键领域、关键环节和瓶颈制约，进行技术与管理双层面的创新攻关。要以重大科技创新为引领，加快无障碍出行领域的科技创新成果向实际应用落地转化、推广示范。

三、协调治理

无障碍出行环境需要跨部门、跨行业、跨领域的主体进行建设管理，服务于出行者的全链条出行需求，具有鲜明的木桶效应，应用实效往往受制于其中的薄弱环节，因此，协调是评价无障碍出行体系建设的标准和尺度。

协调治理，就是从当前我国无障碍出行环境发展中不平衡、不协调、不可持续的突出问题出发，着力推动区域协调发展、部门协同工作，强化资源配置均衡，找出无障碍出行环境中的建设短板，在补齐短板上多用力，挖掘发展潜力、增强发展后劲。

四、开放治理

改革开放的实践经验告诉我们，要发展壮大，必须坚持对外开放，充分运用人类社会创造的先进科学技术成果和有益管理经验。从整个国际社会看，构建交通无障碍环境已成为城市环境建设中非常重要的一环，许多发达国家积累了丰富的无障碍交通环境建设经验。

开放治理，就是要坚持对外开放，深化国际合作，博采众长，以开放促改革、促发展，做好中国无障碍交通建设文章。同时，要讲好中国无障碍交通故事，为其他发展中国家贡献中国模式、中国方案，与世界各国一道谋求互利共赢。

五、共享治理

对无障碍出行环境的诉求既是残障者的出行需求，同时能够提升社会共同体的出行体验。因此，无障碍出行环境建设有着更为广义的定位，即人人享有。

共享治理，就是要转变传统思维模式，无障碍出行环境建设不是社会对于特殊群体专属的额外付出，其建设成果可以惠及全体社会成员。要加大宣传力度强化共建共享理念，充分调动社会各方的积极性，广泛汇聚民智，最大化激发民力，推进无障碍环境建设的通用普惠，形成人人参与、人人尽力、人人受益的良性互动。

第二节 优化无障碍出行治理结构

实现无障碍出行治理高效可持续发展的目标，必须坚持和完善党的领导制度体系，把党的领导落实到无障碍出行治理的各方面各环节，总揽全局、精准发力，紧紧抓住政府、市场、社会三大重点领域纵深推进改革创新，通过优化政府治理、完善市场治理、增强社会治理，形成"三位一体"相互协调的无障碍出行治理结构。

一、加强党的领导

中国共产党领导是中国特色社会主义最本质的特征，是中国特色社会主义制度的最大优势，党是最高政治领导力量。习近平总书记指出："正是因为始终在党的领导下，集中力量办大事，国家统一有效组织各项事业、开展各项工作，才能成功应对一系列重大风险挑战、克服无数艰难险阻，始终沿着正确方向稳步前进。"我们党把为中国人民谋幸福、为中华民族谋复兴作为初心和使命，坚持以马克思主义为指导，能够准确把握时代脉搏，正确认识社会发展规律，立足我国国情提出奋斗目标，始终保持战略定力，一张蓝图绘到底。我们党组织严密、纪律严明，具有总揽全局、协调各方的核心领导力和强大的执行力，能够为自己确立的奋斗目标不懈努力。这一系列特有优势，决定了我国在党的领导下能够集中力量办大事。

党中央高度重视无障碍环境建设工作，凝聚力量加快建设无障碍出行环境，在"有为政府、有效市场、有机社会"协同治理结构中发挥统领作用。无障碍出行环境的建设和运营管理需要多部门、多行业的协调配合、通力合作，要坚持党的全面领导，更加扎实地把党中央的重要决策部署落到实处，为推动交通无障碍环境高质量发展提供强大保障。

二、完善政府治理体系

党的十九大报告提出，转变政府职能，深化简政放权，创新监管方式，增强政府公信力和执行力，建设人民满意的服务型政府。服务型政府的核心要义就是以人民为中心，着眼于人民日益增长的美好生活的需要，聚焦人民群众的公共服务诉求，全心全意为人民服务。改革开放四十年来，我国服务型政府在不断探索中深入推进，持续完善政府治理体系，取得了重大成就。交通运输公共服务水平是服务型政府为人民服务能力的重要体现，政府承担着交通运输公共服务供给的主体责任。

当前正处于开启全面建设社会主义现代化国家新征程，站在新的时代方位，无障碍交通环境建设工作已成为政府提供交通运输公共服务均等化能力的突出短板和发展重点，交通运输政府治理体系亟待进入全面深化的崭新阶段。无障碍交通环境建设需要政府、市场和社会的多元供给，在多元主体联合供给机制中，政府需要充分履行职责、发挥作用，为无障碍环境建设提供良好的发展环境，形成有为的交通运输政府部门。一是要加快转变政府职能，划清政府与市场、社会的边界，持续推进向市场"放权"、向社会"让权"，使政府工作的关注点和着力点转向宏观调控和监管，深入推进简政放权改革，提高资源配置效率，形成职责明确、依法行政的政府治理体系。二是要强化无障碍建设财政保障，加大无障碍建设专项支出占财政总支出的比重，完善财务审计体系，建立无障碍建设专项的决策、执行、监督制约协调机制。三是要加强干部队伍建设，增强政府工作人员为群众提供均等化服务、建设无障碍交通环境的意识和本领，完善担当作为的激励机制，充分调动广大党员干部积极性、主动性，为建设人民满意的服务型交通运输政府夯实干部队伍基础。

三、完善市场治理体系

市场主体是创造就业、创造财富的源泉，是构建现代化经济体系的基本细胞和微观基础。国家治理体系与治理能力现代化，要求处理好政府与市场之间的关系，使市场在资源配置中起决定性作用，完善治理规则、强化监管体系、激发市场活力，强化市场边界、市场主体、市场准入、产权保护、价格机制等制度安排，建立健全现代化市场体系。

随着中国老龄化趋势的进一步加剧，政府不断在无障碍出行环境建设领域加大投入，市场作为重要的执行主体，需要充分发挥资源配置中的决定性作用，这对持续深入推进无障碍出行环境建设领域"放管服"改革，营造优良的营商环境提出了更高的要求。一是要深入推进简政放权改革，营造开放活跃的市场环境。鼓励民间资本进入无障碍交通行业，使无障碍设施设备的生产企业和产品的准入更加便捷，推动企业进入市场以后更高的开业率、经营率、活跃度，使企业生命周期更长。二是要完善市场监管，营造规范有序的市场环境。加强市场监管法律法规和制度体系建设，把构建制度体系作为提升市场监管治理能力的重要基础，健全完善内部运行规章制度；建立完善信用管理体系，实施市场主体信用评价管理，强化失信联合惩戒；大力构建市场监管技术支撑体系，把现代科技作为提升市场治理能力的重要支撑，推动"互联网+监管"，提升检验检测和科研能力，夯实质量基础设施。

四、完善社会治理体系

当前,中国特色社会主义进入新时代,社会主要矛盾发生转化,人民美好生活需要日益广泛,不仅对物质文化生活提出更高要求,而且在民主、法治、公平、正义、安全、环境等方面的要求日益增长。这使社会治理面临的问题呈现出跨界性、关联性、复杂性强的特征,单靠党委和政府的力量难以实现社会治理效能最大化。党的十九届四中全会提出,"建设人人有责、人人尽责、人人享有的社会治理共同体",为新时代推进社会治理提供了指引。

无障碍出行环境建设工作惠及全体人民,促进社会公平正义,应当充分激发社会组织与公众的积极性,形成共建共治共享的社会治理格局。首先,完善公众参与机制是关键,要进一步打通群众参与社会治理的制度化渠道,通过搭建群众议事平台、开通监督电话等方式,畅通利益诉求表达渠道,让人民群众广泛参与基层无障碍出行环境建设工作的决策、管理和监督,形成民事民议、民事民办、民事民管的多层次基层协商格局,最大限度调动人民群众参与的积极性、主动性和创造性,实现政府治理和社会调节、居民自治良性互动。其次,要大力培育社会组织与科研单位等专业力量参与无障碍出行治理,建立完善无障碍出行环境建设的第三方评估机制,承接政府机关的转移职能。此外,要鼓励社区责任担当和自治能力。社区是无障碍出行环境建设中重要的自治单元,要积极发挥基层党组织主导作用,构建党组织领导下的基层治理体系,全面激发社区活力,强化社区责任,鼓励社区参与,提升社区治理能力,使基层的自我服务、志愿服务成为社会服务的重要实现途径。

第三节 完善无障碍出行治理制度

制度体系建设是能力建设的重要保障。在无障碍出行治理的行为过程中,制度作为基本原则和实质性内容而存在,是一切治理行为的法理基础和实施总纲。推进无障碍出行治理，必须加强系统完备、科学规范、运行有效的制度建设，构建起科学有效的规范体制。其次，要深化管理体制机制改革，保证制度落实的有效性，提升制度的权威性，进而形成长期有效的治理机制。

一、构建法规政策与标准规范体系

实现无障碍出行治理统筹布局、全面协调推进，必须将法治思维和法治方法贯穿无障碍环境建设、运营、管理各领域各环节。因此，要系统谋划顶层设计，加快建立健全交通无障碍法规政策与标准体系，为发展无障碍出行环境提供科学指引和根本遵循。

一是要主动适应无障碍出行发展实际需要，健全配套法规规章。要强化立法前瞻性，切实增强法规的及时性和有效性，并有针对性地制定和完善相应配套的规定、办法、规则、细则，做到无障碍出行环境建设于法有据。

二是要深入研究制定交通运输行业在无障碍领域的政策措施，形成管长远、可操作、能落地、见实效、促发展的政策体系。组织开展无障碍交通基础设施建设等重大政策专项研究，建立政府政策需求与智库成果供给的有效对接机制；持续加强交通投融资政策、价格机制、减费降税等研究创新，打好政策"组合拳"。

三是要统筹考虑铁路、公路、水路、民航等各种交通方式，制定发布结构合理、内容全面、技术先进、支撑有力的无障碍标准规范体系，为无障碍出行环境建设提供具体指导，提高无障碍环境的通用性和易用性。

二、深化管理体制机制改革

"徒法不足以自行"，无障碍出行环境相关法规政策的落实，需要行之有效的行政执法保障，要求形成职能科学、统筹兼顾、协同联动的管理体制机制体系。

首先，要明确规定事权责任主体，健全行政问责机制，防止地方政府间出现职责交叉、责任主体混乱的情况，完善相关责任追究程序，依法追究行政、法律责任。

其次，要突破无障碍环境建设管理"碎片化"，建立跨部门协作机制。一是探索交通运输与住建等部门在无障碍领域的常态化协调合作机制，鼓励有条件的地方探索更大范围的综合执法或联合执法管理体制机制。二是不断深化铁路、公路、航道、空域管理体制改革，建立健全适应综合交通无障碍发展的体制机制。

第四节　提升无障碍出行治理能力

无障碍出行治理，要坚持从实际出发，根据我国无障碍出行环境建设实践成果，不断与时俱进，发展完善，主要从五方面着手：一要始终把坚持党的全面领导置于无障碍出行治理的首要位置，既保证无障碍出行治理具有坚强的组织保障，又能很好地贯彻落实党对推进无障碍出行环境建设的各项主张。二要牢固树立"一分部署，九分落实"的认识，切实提升政府执行力和治理效能。三要全力推进政府、市场、社会多方共治，共建共商共建共享的治理格局。四要积极推动治理思维和手段创新，丰富无障碍出行治理方略和内涵，提高治理能力。五要不断强化交通无障碍文化体系建设，更好发挥文化力量在无障碍出行治理中的支撑作用。

一、坚持党的领导

无障碍交通出行治理，必须始终坚持党的集中统一领导，自觉把党的领导贯穿于无障碍交通出行事业发展的全过程，发挥党总揽全局、协调各方的领导核心作用，确保党中央决策部署落地见效。同时，要完善落实党内监督的工作机制，重点加强对主要领导干部的监督，完善交通运输权力配置和运行制约的机制，明晰权力边界，规范工作流程，强化权力制约。

二、提升治理能力

将无障碍交通出行治理理念、结构、制度的优势真正转化为治理能力，需要着力提升政府执行力。一是明确行政执法权责。无障碍交通出行环境建设涉及领域广泛、部门众多，需要明确界定各有关部门职权范围，避免多头执法、规避执法监管矛盾、提升执法效率。二是要加强队伍建设。以强化政府绩效考核机制为手段，将无障碍交通出行治理能力纳入政府绩效评价体系，分解细化各有关部门的年度无障碍环境建设考核指标，并根据绩效考核结果建立有效的、规范的奖惩体系，将奖优罚劣落到实处，建设一批依法履职、执行力强的队伍。三是构建无障碍交通出行环境常态化监督机制。健全监督联动机制，及时跟踪检查无障碍交通出行环境建设与使用情况，推动无障碍交通出行重点领域和关键环节的监督。

三、推进多方共治

无障碍交通出行治理能力的提升，要求政府履行无障碍交通出行环境建设的积极义务和主体责任，同时也需要激发市场活力、推动社会自治，实现政府、市场、社会多元主体之间的良性互动，只有坚持和完善这一新模式，才能形成各治理要素、治理主体、治理力量的聚合效应，充分发挥政府提供无障碍交通出行服务的作用，不断推进无障碍交通出行治理进程。因此，政府一方面要加快完善市场机制，创新管理方式，从法律法规、发展政策、标准规范入手，厘清政府和市场的边界、开发市场潜力，使市场在资源配置中的决定性作用充分发挥。另一方面，要以基层党建为引领，鼓励全体社会成员参与到无障碍交通出行环境治理中，创新社会治理，建设社会自律、社会有序、社会担当的良好氛围。

四、加强治理创新

推动无障碍交通出行治理能力更高质量发展，要不断创新治理思维与手段。目前，无障碍交通出行环境建设仍处于政府主导实施的起步阶段，要想激发市场与社会参与治理的积极性，需要不断引入新的思维和管理模式，例如开展无障碍交通出行领域认证认可工作，传递市场信任，进而倒逼无障碍环境建设市场发展。另外，随着大数据国家战略的稳步推进，要与时俱进地以大数据手段解决治理问题，提升政府认知的精确度和科学性，从而促使治理目标定位更准确，治理政策、治理方式和手段更加符合客观事实，治理进程和治理成效更加满足社会期待。

五、强化文化引领

要凝聚人民力量建设无障碍交通出行环境，就必须形成广泛社会共识的价值观念，构建无障碍交通出行文化体系，培养全社会全行业高度的文化自觉，为推进无障碍交通出行治理提供深厚的文化支撑和精神动力。要强化无障碍交通出行文化引领，必须完善以社会主义核心价值观引领行业文化建设的制度机制，加强舆论引导工作，弘扬交通行业人文主义精神，加强先进典型培养树立和宣传，讲好中国无障碍交通出行故事。同时，以文化传播促进无障碍交通出行政策、规则、制度、技术、标准以及实践经验"引进来"和"走出去"，推动提升全球治理能力。

参考文献

［1］中共中央国务院. 交通强国建设纲要 [EB/OL]. https://xxgk.mot.gov.cn/2020/jigou/zcyjs/202006/t20200623_3307512.html, 2019.9.19.

［2］中共中央国务院. 国家综合立体交通网规划纲要 [EB/OL]. https://xxgk.mot.gov.cn/2020/jigou/zhghs/202102/t20210225_3527909.html, 2021.2.25.

［3］中共中央. 中共中央关于制定国民经济和社会发展第十四个五年规划和二〇三五年远景目标的建议 [EB/OL]. http://www.gov.cn/zhengce/2020-11/03/content_5556991.htm, 2020.11.3.

［4］陈朝. 浅谈交通强国建设背景下无障碍环境建设[J]. 交通建设与管理，2020（2）：58-61.

［5］张政，毛保华，刘明君，陈金川，郭继孚. 北京老年人出行行为特征分析[J]. 交通运输系统工程与信息，2007，7（6）：11-20.

［6］陈团生，岳芳，杨玲铃，张萌. 老年人出行选择行为影响因素研究[J]. 西南交通大学学报（社会科学版），2007，8（5）：17-21.

［7］张春光. 老年人交通出行需求与供给均衡分析[J]. 城市道桥与防洪，2017，6（6）：61-63.

［8］毛海虓，黄瑾. 美国面向老龄社会的城市交通对策以及对中国的启示[J]. 国外城市规划，2006，21（4）：90-92.

［9］卢顺达，徐正全，吴晓飞. 南昌市老年人出行特征分析[A]. 交叉创新与转型重构——2017年中国城市交通规划年会论文集[C]. 2017.

［10］黄建中，吴萌. 特大城市老年人出行特征及相关因素分析——以上海市中心城为例[J]. 城市规划学刊，2015（2）.

［11］王杰，杨坤，郭永青. 淄博市老年人出行行为特征研究[J]. 黑龙江交通科技，2018（9）：178-181.

［12］肖昕茹. 上海市残疾人社会空间研究[D]. 上海：华东师范大学，2010.

［13］熊志平. 城市公共交通系统对残疾人适应性评价研究[D]. 成都：西南交通大学，2009.

［14］褚湜婧，杨胜慧. 老年残疾人出行问题研究[J]. 兰州学刊，2012（6）：134-137.

［15］王羊玲，王苏莹，朱嘉好，蒋艳华. 关于残疾人的出行心理及针对

其出行的心理调试[J].科教导刊（中旬刊），2011（5）：171-172.

［16］张国英.下肢残障人士交通工具的设计与研究[D].北京：华北电力大学，2019.

［17］段培君，等.无障碍国家战略[M].沈阳：辽宁人民出版社，2019.

［18］冯建栋，王昊.城市公共无障碍出行环境现状及改善策略[A].创新驱动与智慧发展——2018年中国城市交通规划年会论文集[C].2018.

［19］胡松，赵林.北京市地面公交无障碍系统化设置技术要点[A].创新驱动与智慧发展——2018年中国城市交通规划年会论文集[C].2018.

［20］黄天琪，等.公众对轨道无障碍出行设施服务感知评价研究——以天津市为例[J].现代商业，2018（16）：150-152.

［21］梁燕冰.广州地铁无障碍设施建设和管理提升研究[A].2015中国（天津）区域轨道交通发展及装备关键技术论坛论文集[C].2015.

［22］凌亢，等.中国残疾人事业发展报告（2019）：无障碍环境建设[M].北京：社会科学文献出版社，2019.

［23］吕雅徽.城市公交车无障碍化乘坐设计研究[D].长春：长春工业大学，2018.

［24］潘海啸，等.上海轨道无障碍出行环境建设的再思考[J].上海城市规划，2013（2）：70-76.

［25］潘海啸，等.无障碍与城市交通[M].沈阳：辽宁人民出版社，2019.

［26］严亚丹，过秀成.城市公共无障碍出行设施一体化实施对策研究[J].交通运输工程与信息学报，2011（3）：63-68.

［27］张晓春，等.深圳市公共无障碍出行体系规划探索与实践[J].公路，2014（6）：165-171.

［28］赵立志，何鹏，等.我国城市公交站点无障碍环境探讨[J].城市发展研究，2012（7）：12-17.

［29］郑功成，等.中国残疾人事业发展报告（2017）[M].北京：人民出版社，2017.

［30］郑功成，等.中国无障碍环境建设发展报告[M].沈阳：辽宁人民出版社，2019.

［31］国家统计局.交通运输铺就强国枢纽通途邮电通信助力创新经济航

船——新中国成立 70 周年经济社会发展成就系列报告之十六 [R]. 2019.

［32］杨传堂在全国交通运输工作会议上的讲话 [R]. 2019.

［33］中华人民共和国国务院新闻办公室.《中国交通运输发展》白皮书 [R]. 2016.

［34］中华人民共和国交通运输部.中国城市客运发展报告（2018）[M]. 北京：人民交通出版社，2019.

［35］中华人民共和国交通运输部.2019 交通运输统计公报 [R]. 2020.

［36］Transport for London. Taking forward the MTS accessibility implementation plan[R]. 2012.

［37］胡贤翠.人权视角下英国残疾人权益法律保障研究 [D]. 上海：上海交通大学，2016.

［38］张洁.德国小镇 Hattingen 改造现有公交车站为无障碍车站 [J]. 小城镇建设，2016（7）：10.

［39］原新，李志宏，党俊武，孙慧峰.中国老龄政策体系框架研究 [J]. 人口学刊，2009（6）：25-29.

［40］陆杰华，汤澄.公平视域下的中国老龄政策体系探究 [J]. 中国特色社会主义研究，2015（1）：76-82.

［41］赵福军，吕紫剑，董丹丹.日本应对人口老龄化的政策体系及借鉴启示 [J]. 发展研究，2017（6）:13-15.

［42］陈国彦.残疾人事业政策体系及建立的思考 [J]. 中国残疾人，2005（5）:26-27.

［43］王新文，段世江.中国残疾人政策及其发展理念 [J]. 前沿，2012（2）:8-9.

［44］吴军民.中国残疾人社会政策演进：经验、问题及下一步行动 [J]. 理论与改革，2012（3）:56-60.

［45］孙超，王波，张云龙，徐建闽.深圳市无障碍交通体系规划研究 [J]. 规划设计，2012（12）:37-41.

［46］张晓春，张云龙，孙超，徐建闽.深圳市公共无障碍出行体系规划探索与实践 [J]. 公路，2014（6）:165-171.